Richard BIZIER ❧ Roch NADEAU

Les fromages du Québec

Cinquante et une façons de les déguster et de les cuisiner

TRÉCARRÉ

Nous reconnaissons l'aide financière du gouvernement du Canada
par l'entremise du Programme d'aide au développement de l'industrie
de l'édition (PADIÉ) pour nos activités d'édition ; du Conseil des Arts du
Canada; de la SODEC; du gouvernement du Québec par l'entremise
du Programme de crédit d'impôt pour l'édition de livres (gestion SODEC).

Conception graphique et mise en pages : Cyclone design communications
Révision : Marie Tousignant
Index : Diane Baril

© 2002, Éditions du Trécarré
© 2004, Éditions du Trécarré

ISBN : 2-89568-270-4

Dépôt légal – 2004

Bibliothèque nationale du Québec

Imprimé au Canada

Éditions du Trécarré
7, chemin Bates, Outremont (Québec) H2V 4V7 Canada

Table des matières

Introduction 5

Le fromage dans la cuisine d'aujourd'hui 6

La fabrication des fromages 7

Dégustation et accompagnements 11

La découpe des fromages 14

Conseils pratiques 18

Provenance des fromages utilisés dans les recettes 20

Remerciements

Les auteurs remercient la boulangerie Première Moisson du marché Jean-Talon pour les pains, La Maison d'Émilie, 1073, avenue Laurier Ouest, arrondissement Outremont, Montréal, (514) 277-7900 pour la vaisselle, la verrerie, la porcelaine et les articles de cuisine qui agrémentent les photos de cet ouvrage ainsi que Senteurs de Provence pour l'assiette de la page 37.

Certaines odeurs — dont celles des fromages
— font aussi partie de la culture.

Introduction

LE FROMAGE MILLÉNAIRE

Le fromage est un aliment indispensable à la croissance et au développement du corps humain. Les produits laitiers sont à ce point nécessaires au bon équilibre de la santé qu'une privation de cette précieuse denrée, volontairement ou pas, entraînera une carence nutritive certaine. On le comprenait si bien chez les Romains qu'on donnait de généreuses portions de fromage aux militaires pour entretenir leur bonne forme et, probablement, pour soutenir le moral des troupes.

Pendant longtemps au Québec l'éventail de nos fromages nationaux fut assez limité. Les types de fromages fabriqués chez nous se limitaient presque essentiellement au cheddar frais ou vieux, au fromage en grains dit « en crottes », et aux fameux fromage des trappistes d'Oka et des bénédictins de Saint-Benoît-du-Lac. Puis, les immigrants européens contribuèrent largement à faire connaître aux Québécois les fromages de leur pays d'origine. Aux étals des épiceries spécialisées apparurent au milieu des années cinquante, des fromages fins, pasteurisés et au lait cru, importés de France, d'Italie, d'Angleterre et d'autres pays d'Europe. Les amateurs se virent alors offrir un éventail plus grand et, le choix aidant, l'engouement pour les bons fromages ne cessa de croître, se propageant d'un groupe culturel à un autre.

Il était normal que le Québec, un pays où la production laitière est importante, se remette à la fabrication de fromages artisanaux. Le phénomène n'est pas nouveau puisque au XVIIe siècle, en Nouvelle-France, les Québécois possédaient déjà un savoir-faire éprouvé en matière de fabrication fromagère, une science transmise par leurs ancêtres français et, plus tard, par les Britanniques qui introduisirent leur fameux cheddar.

Aujourd'hui, des centaines de superbes fromages québécois s'ajoutent aux nombreux produits importés du monde entier qui nous sont proposés dans les fromageries. Voilà de quoi réjouir épicuriens et gastronomes. Notre ouvrage *Les Fromages du Québec - Cinquante et une façons de les déguster et de les cuisiner* se veut une humble contribution dont le but est de mieux faire connaître et apprécier les bons fromages de chez nous.

Les auteurs
RICHARD BIZIER ET ROCH NADEAU

LES FROMAGES DU QUÉBEC

PAGE 5

Le fromage dans la cuisine d'aujourd'hui

Dès la préhistoire, voilà bien des millénaires, l'être humain recueillait le lait des mammifères qu'il avait appris à domestiquer à son profit. Des fouilles archéologiques ont mis au jour les premiers instruments de fabrication des fromages qui remontent au VIe millénaire avant J.-C.

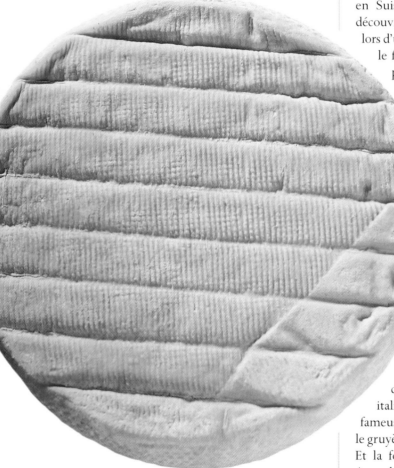

L'utilisation du fromage dans la cuisine suit l'évolution de l'art culinaire. À Athènes, cinq siècles avant le Christ, on signale des gâteaux à base de fromage, lesquelles douceurs étaient mélangées à de l'huile et du miel. Plus tard on enduisit de fromage le poisson et le lièvre avant de les faire rôtir. Dans la Rome antique, la chèvre étant mieux adaptée au climat, on préféra le fromage de chèvre à celui de brebis.

Au IIIe siècle, le fromage fait son apparition en Suisse et en Gaule. L'évêque d'Albi fait découvrir à Charlemagne, qui s'arrête chez lui lors d'une de ses campagnes contre les Sarrasins, le fameux roquefort qui demeure l'un des plus anciens fromages du pays.

Les recettes à base de fromages sont si multiples qu'elles pourraient constituer une encyclopédie en plusieurs volumes. Tous les producteurs et productrices de fromages du monde détiennent dans leur patrimoine culinaire respectif des centaines de recettes. Ces fromages, qui varient d'un pays ou d'une région à l'autre de la planète, permettent de réaliser des mets exquis : potages, entrées, gratins, salades, entremets et desserts. Des préparations sont à ce point associées à certains types de fromages qu'on ne peut imaginer leur exécution en omettant la matière qui les caractérise. En effet, comment imaginer nombre de recettes italiennes sans l'apport du parmesan? La fameuse soupe à l'oignon gratinée française sans le gruyère? Et le gâteau russe au fromage (*paskha*)? Et la fondue savoyarde? La raclette vaudoise? Avec le fromage, toutes les fantaisies sont permises. À vous de découvrir ce grand allié de la cuisine...

La fabrication des fromages

Le fromage s'obtient par la coagulation (caillage) et l'égouttage du lait, de la crème ou de leur mélange. Sous l'effet de la présure ou de ferments lactiques, le lait se métamorphose; se séparant du petit-lait ou lactosérum, il s'assemble alors en une masse gélatineuse. Ce caillé, qui se coupe ou non, est égoutté, moulé, puis pressé. Après salage, la masse lactée est déposée sur des treillis disposés dans une chambre ou une cave à atmosphère contrôlée pour y être affinée ou vieillie. La croûte du fromage se forme naturellement ou peut être ensemencée de champignons microscopiques qui lui donneront une belle robe fleurie. Elle peut également être frottée et lavée avec des saumures aromatisées.

Voilà pour le principe général de fabrication, même s'il existe autant de techniques de production qu'il y a de fromagers.

LA CLASSIFICATION

Au Québec, les fromages sont classés selon leur degré de fermeté, lequel est évalué suivant le rapport eau-matières grasses. Ainsi un fromage à pâte fraîche contient plus de 60 % d'humidité tandis qu'un fromage ferme en contient entre 35 % et 45 %. Les pâtes dures tel le parmesan en contiennent moins de 35 %.

Les fromages à pâte fraîche (vache, chèvre et brebis)

Le plus bel exemple que l'on puisse donner du fromage frais est celui vendu en faisselle, un moule troué par lequel s'échappe le petit-lait ou lactosérum. On le trouve également sous l'appellation quark, fromage frais ou fromage blanc, petit-suisse, cottage, fromage à la crème (*mascarpone*) et ricotta même si les techniques de fabrication diffèrent un peu.

Les fromages frais au lait de chèvre et de brebis ont une texture friable, douce et crémeuse, voire compacte selon leur taux d'humidité. Ils ont un goût caractéristique légèrement piquant et une bonne saveur lactique qui se transforme en un goût velouté et crémeux. Ils sont vendus en rouleaux, rarement en vrac, sauf chez le producteur.

Les fromages frais se font toujours à partir de lait pasteurisé et doivent être consommés dans un délai assez court.

Fromages à pâte molle (croûte fleurie et croûte lavée)

Leur ancêtre est le camembert, fromage créé il y a plus de deux siècles par la fermière normande Marie Harel. Ils contiennent entre 50 % et 60 % d'humidité et se retrouvent sous des

croûtes fleuries ou lavées. Ils sont fabriqués à partir de lait pasteurisé ou de lait cru de vache, de chèvre ou de brebis.

La texture coulante et crémeuse de ce fromage est due à sa méthode de fabrication et à l'égouttage du caillé qui est déposé (à la louche), sans être brisé ou rompu, dans des moules : il s'égoutte naturellement sans pression; on parle d'égouttage spontané. Après quelques heures, la masse est salée à l'aide de sel fin ou de poudre de sel, ou encore plongée dans une saumure. La croûte blanche et fleurie est formée par un champignon, le *penicillium candidum*, que l'on pulvérise sur la surface avant l'affinage qui dure environ un mois.

Le principe de fabrication d'un fromage à croûte lavée est semblable, sauf que le caillé est coupé plus ou moins finement avant d'être mis en moule. Ce «rompage» facilite l'écoulement du petit-lait : la pâte sera plus serrée, plus compacte mais néanmoins moelleuse, coulante ou plus ferme, selon le degré de séchage. Durant l'affinage, qui s'étend sur deux à quatre mois, le fromage est retourné régulièrement puis brossé ou lavé à l'aide d'une saumure additionnée de bière, d'hydromel, de vin ou d'eau-de-vie, ce qui contribue à l'élaboration de ses diverses carac-téristiques. Il révèle des saveurs marquées ou prononcées, parfois fortes.

Les fromages à pâte semi-ferme

C'est la quantité de lactosérum extrait ou soutiré et la pression exercée sur le moule qui détermine la fermeté dudit fromage préala-blement salé, puis séché. En raison de leur taille, leur période d'affinage se prolonge au-delà de celle requise normalement pour les fromages à pâte molle. La croûte est frottée et lavée ou laissée au naturel. La pâte est crémeuse, souple et onctueuse. Leur saveur varie de neutre à douce comme le saint-paulin ou le gouda, ou est plus marquée comme le Saint-Basile-de-Portneuf ou le oka.

Les fromages à pâte ferme

Le caillé raffermi sous l'effet d'un léger chauffage offre une texture plus élastique et plus sèche. Les grains s'agglutinent en blocs que l'on coupe, retourne et presse pour en retirer le maximum d'humidité. On peut en obtenir des fromages frais et doux comme le cheddar ou le brick; une légère fermentation produira un emmenthal ou un gruyère. Si on le laisse vieillir jusqu'à deux ans, on obtiendra alors un parmesan.

Le lait cru

Depuis quelques années, la popularité du fromage au lait cru est florissante, malgré la bataille que lui livrent certains fonctionnaires dans le domaine de la gastronomie et des plaisirs de la table. Les interdits sont levés, mais il faut montrer patte blanche et prouver son statut de «fermier» pour avoir l'autorisation de fabriquer son fromage au lait cru. Seul le lait provenant d'un même élevage, récolté dans des conditions d'hygiène et de salubrité optimales, peut être utilisé dans la fabrication du fromage au lait cru. En outre, avant sa mise en marché, le fromage ainsi créé doit attendre en cave 60 jours par mesure de sécurité − le temps d'éliminer les bactéries pathogènes qui pourraient se développer.

Dégustation et accompagnements

Le vin

Il n'y a pas vraiment de critère ou de règle établie dans l'art subtil de marier un fromage et un vin, tout est question de goût et souvent de découverte. En général, les fromages jeunes et doux s'accommodent bien d'un vin semblable, de même un fromage affiné à saveur marquée s'accompagne d'un vin corsé. Il ne faut pas non plus négliger le cidre, la bière et certaines eaux-de-vie.

✿ Les fromages frais de vache ou de chèvre (par exemple: Baron roulé aux herbes de Cayer, Micha de Floralpe, Boutons de saphir), ceux à saveur neutre ou douce (gouda, cheddar frais, gruyère ou emmenthal doux tel le Mont-Saint-Benoît) et certains fromages à pâte molle (tel le brie, le Riopelle de l'Isle ou le Vacherin Chaput) se marient bien avec un vin rouge jeune, léger et fruité, un rosé ou un vin blanc (chardonnay ou sancerre).

❧ Associez les fromages à pâte molle et à croûte fleurie (brie, camembert) avec des vins rouges moelleux et veloutés ou des blancs secs à saveur marquée, un riesling par exemple.

❧ Les fromages affinés et à croûte lavée au goût plus prononcé tel l'Empereur, le Sir Laurier d'Arthabaska ou le Chèvrochon s'accompagnent d'un vin plus vieux au goût velouté. En fait, plus le fromage a du caractère plus il s'harmonise avec des vins plus corsés, plus âgés et ronds tels que des bordeaux, cabernets sauvignons, côtes-du-rhône. Ce qui n'empêche pas d'heureux mariages avec le vin blanc (Gewurztraminer), un porto ou un cidre liquoreux (vin de glace ou Pomme de Glace).

❧ Les bleus et les fromages à saveurs intenses aiment les vins rouges robustes ou les portos.

Le pain

❧ Le pain sert de support, d'accompagnement, et son goût ne doit pas empiéter sur celui du fromage, dominer sa saveur et monopoliser le palais et les papilles gustatives. Tout doit être d'un équilibre harmonieux : des fromages bleus à pâte persillée avec du pain aux noix; une pâte molle comme un camembert ou un brie avec un bon pain de campagne; des chèvres frais avec un pain blanc, de blé entier ou au levain. Le pain grillé sied à merveille à un fromage à forte saveur aromatique.

La fougasse provençale aux olives et aux herbes, le pain à l'oignon, le pain aux graines de tournesol ajoutent beaucoup de saveurs à des pâtes plus neutres comme certains fromages frais ou de chèvre.

N'hésitez pas à offrir à vos convives une généreuse corbeille de pains assortis pour la dégustation des fromages. Déposez d'abord un linge en coton au fond de la corbeille, puis des tranches de ces différents pains; rabattez ensuite les extrémités du linge afin d'éviter que les pains ne se dessèchent. Les fromages pouvant aussi se déguster à l'occasion d'un petit déjeuner tardif, on ajoutera alors à la corbeille quelques croissants, voire des tranches de pain aux bananes.

À ÉVITER : les biscottes à goût prononcé qui peuvent masquer le goût du fromage.

UN INCONTOURNABLE : la pomme de terre, cuite à l'anglaise ou à la vapeur, est le complément obligé d'une raclette.

FROMAGE À PÂTE SEMI-FERME

Présentation

LE PLATEAU DE FROMAGES

❧ Un plateau bien présenté reçoit une part de fromage frais, un fromage à pâte molle, un fromage affiné et d'autres à pâte semi-ferme, ferme ou dure. On peut ajouter au plateau un fromage aux herbes. Disposer les fromages par ordre croissant en fonction de leur consistance et de leur goût: de fraîche, neutre, douce, marquée, à forte et piquante ou faisandée. Servir d'abord les fromages doux et délicats, puis ceux à saveur plus prononcée. Terminer avec les pâtes dures.

❧ Servir les fromages frais dans un bol en bois, en porcelaine ou en terre cuite posé sur le plateau.

❧ Le fromage peut être déposé sur un linge replié ou sur un papier absorbant (essuie-tout), mais l'un ou l'autre absorbe une partie de l'humidité.

❧ Mieux vaut choisir trois ou quatre fromages de qualité plutôt qu'un trop grand nombre. Réunir un fromage doux à pâte molle et à croûte fleurie et un plus corsé à croûte lavée, un autre à pâte semi-ferme et un bleu.

❧ Il est utile de pouvoir décrire les propriétés de chaque fromage présenté, s'il est au lait de vache, de chèvre ou de brebis, sa provenance ou son origine, s'il a été affiné ou travaillé.

❧ Faire chambrer les fromages au moins deux heures avant de les présenter pour qu'ils soient « à point ».

La découpe
des fromages

LA DÉCOUPE

Il existe différents types de couteaux pour la découpe des fromages. Normalement on utilise le fil à couper pour les pâtes molles, le couteau à lame fine pour les pâtes plus consistantes, le couteau à lame rectangulaire pour les pâtes dures, la spatule avec fente pour effeuiller le fromage. Il est recommandé d'utiliser un couteau pour chaque type de fromage, particulièrement quand celui-ci est à saveur plus marquée.

LA FAÇON DE DÉCOUPER LES FROMAGES

Rien n'est plus désarmant pour l'épicurien que d'assister – impuissant – au saccage d'un beau plateau de fromages par des convives qui ignorent tout sur l'art de les découper. En effet, les fromages se doivent d'être découpés de manière esthétique, voire avec élégance. Un plateau de fromages qui prend des allures de champ de bataille dès qu'il est entamé n'est jamais agréable à l'œil.

La découpe d'un fromage est importante. Ce n'est pas là qu'une simple formalité d'esthétisme puisqu'une portion de fromage doit contenir toutes les parties du fromage, afin que chacun puisse déguster les différentes saveurs qui s'y répartissent. En effet, le goût d'un fromage varie d'une partie à l'autre et sa saveur demeure toujours plus prononcée près de la croûte (couche plus exposée à la maturation). Une croûte de type lavée a un goût plus prononcé; un fromage ayant une fine couche de champignons a une saveur plus douce. C'est pour ces raisons qu'il faut répartir une portion de fromage de manière qu'elle contienne une part de croûte et une autre de pâte suffisante pour saisir toutes les nuances du fromage.

Chaque forme de fromage demande un type de coupe spécifique :

❧ Les fromages ronds ou carrés peu épais et de petite dimension se divisent en pointes comme un gâteau ou une tarte.

❧ Les bries sont divisés en pointes en tenant compte des règles d'esthétique et de symétrie pour que la tranche, si elle n'est pas entièrement consommée, puisse être coupée de nouveau de façon appropriée.

❧ Les petits fromages de chèvre comme les crottins se coupent en deux.

❧ Les rouleaux se coupent en tronçons pouvant chacun à nouveau être coupés en deux ou en quartiers.

❧ Les formes cylindriques de diamètre assez grand (provolone ou certains fromages frais) sont d'abord coupés en lamelles de un ou deux centimètres (3/4 po environ) puis de nouveau en pointes ou en quartiers.

❧ Les fromages vendus en tranches de bonne épaisseur, qu'elles soient carrées ou rectangulaires (cheddar, féta, gruyère, havarti, comté, etc.), sont coupés en tranches parallèles à partir du côté le plus court, ou encore par lignes diagonales, ce qui permet d'offrir des pointes.

❧ Les formes coniques ou pyramidales sont divisées en deux à partir du centre de haut en bas, puis en quartiers. Ils pourront être également répartis en deux dans le sens de la hauteur selon le nombre de convives afin d'éviter les quartiers trop minces qui ne peuvent être faits sans nuire à l'esthétisme de l'ensemble.

❧ Les fromages ronds de grande dimension tels que le oka ou le Miranda sont coupés en pointes, ces mêmes quartiers séparés en deux dans le sens de l'épaisseur au besoin. Pour d'autres plus épais, ils sont aussi présentés en quartiers, chacun pouvant ensuite être divisé pour que chaque convive ait une part égale de croûte et de pâte.

❧ Les fromages à pâte persillée sont partagés pour que chacun ait une portion égale sinon convenable de la partie « bleu », plus goûteuse.

Conseils pratiques

Toujours vérifier la date limite de consommation indiquée sur l'emballage avant d'acheter un fromage frais. Celui-ci se reconnaît à son parfum frais, léger et délicat, sans amertume.

La température idéale pour conserver un fromage varie entre 10 et 15 °C (50 et 60 °F), dans une cave ou un garde-manger. En l'absence de l'une ou l'autre, choisir la partie la moins froide du réfrigérateur.

Privilégier l'achat de fromages entiers ou en morceaux assez grands, car en portions plus petites, les fromages perdent leur saveur s'ils ne sont pas consommés rapidement. Il en est ainsi pour les fromages râpés (romano ou parmesan) qui peuvent néanmoins conserver leur bon goût une fois scellés sous vide.

Ne pas conserver un fromage frais ou doux avec un fromage fort ou affiné, les parfums de l'un pourraient influer sur le goût de l'autre. Regrouper les fromages de même type dans des contenants avec couvercle (verre, porcelaine, terre cuite) et les conserver dans la partie la moins froide du réfrigérateur. Enveloppés dans un papier ciré ou une feuille d'aluminium perforée, les fromages se conservent plus longtemps (doubler le papier ou la feuille protectrice pour les fromages plus secs).

Éviter les emballages plastifiés : ils empêchent le fromage de respirer et l'humidité qu'ils provoquent favorise les moisissures, ce qui peut rendre les fromages impropres à la dégustation.

Un fromage doit respirer pour bien vieillir et sa bonne conservation dépend de l'emballage. Un goût désagréable imprégnera le fromage s'il est conservé dans un contenant hermétique (emballages de plastique et autres). Là encore, les moisissures apparaîtront, rendant désagréable la dégustation.

Conseil : transférer dans du papier ciré les morceaux de fromage achetés dans des contenants de matière plastique. Un fromage entier peut être conservé dans son emballage d'origine.

Les fromages à pâte pressée cuite (ferme) ont besoin de fraîcheur et d'humidité. Ils ne devraient pas être trop secs et leur surface ne devrait comporter aucune craquelure. On les conserve enveloppés dans du papier d'aluminium ou encore dans un linge imbibé de vin blanc dilué qu'on dépose dans un contenant avec couvercle.

Ne jamais retirer la croûte des fromages, elle est une protection naturelle et conserve à la pâte tout son bouquet.

Éviter les fromages à pâte molle et croûte fleurie qui dégagent une odeur d'ammoniaque ou dont la croûte est dure ou brunâtre. Éviter également les fromages lavés à la croûte collante ou visqueuse.

Les fromages à pâte molle doivent être consommés rapidement; on peut les conserver deux semaines. Quant aux pâtes semi-fermes et fermes, elles se conservent jusqu'à deux mois dans de bonnes conditions.

Contrairement aux moisissures provoquées par une mauvaise conservation, celles qui apparaissent à la surface de certains fromages n'altèrent en rien leur goût; on les enlève en frottant simplement la croûte avec un linge ou une brosse.

La croûte veloutée séchée peut être râpée et utilisée dans les potages et les salades. On peut aussi détailler les croûtes ou surfaces durcies des fromages en motifs divers ou en lamelles fines pour décorer un plat de service.

Le fromage coupé en petits cubes et mis à mariner dans l'huile avec des fines herbes et des épices se conserve plusieurs jours. Ces délices se prêtent bien au casse-croûte, aux salades, aux hors-d'œuvre et à une foule d'entrées.

Il est possible de congeler un fromage, même si cela est fortement déconseillé par les vrais amateurs. On l'enveloppe alors dans une pellicule de plastique, puis on recouvre le bloc d'une feuille d'aluminium. On le décongèle au réfrigérateur.

Provenance des fromages utilisés dans les recettes

Le féta de brebis La Moutonnière est un produit de la Bergerie La Moutonnière (Bois-Francs/Sainte-Hélène-de-Chester). On trouve des fétas chez plusieurs autres producteurs de fromages de chèvre, notamment les fromageries Floralpe et La Biquetterie en Outaouais, Diodatti en Montérégie, Dion en Abitibi et la Ferme Chimo à Gaspé.   74

Le Jeune-Cœur est un fromage à pâte molle et à croûte lavée de la fromagerie du Pied-de-Vent à Havre-aux-Maisons, aux Îles-de-la-Madeleine.   26

Le labneh est un fromage frais produit par la Ferme Bord-des-Rosiers à Saint-Aimé.   46

Le Micha est un fromage de chèvre frais produit à la Ferme Floralpe, à Papineauville.   30

Le Miranda est un fromage à pâte semi-ferme et croûte lavée produit par fromagerie Kaiser à Noyan, en Montérégie.   104

Le Montagnard est un cheddar doux au lait de chèvre fabriqué à la Ferme Floralpe à Papineauville.   28

Le oka est un fromage à pâte semi-ferme et à croûte lavée fabriqué à la fromagerie Oka. Il a été mis en marché en 1893 par les moines cisterciens de La Trappe.   24-26

Le Paillot est un fromage de chèvre à pâte molle et croûte fleurie produit par les fromageries Damafro et Saputo.   64

Le Peter est un fromage à pâte molle et croûte lavée produit de la Ferme Floralpe de Papineauville, en Outaouais.   78

Le Pied-de-Vent est un fromage à pâte molle et à croûte lavée de la fromagerie du Pied-de-Vent à Havre-aux-Maisons aux Îles-de-la-Madeleine.   26

Le Saint-Basile est un fromage à pâte molle et à croûte lavée produit par la Ferme Piluma à Saint-Basile-de-Portneuf.   50

Le Saint-Damase est un fromage à pâte molle, à croûte lavée et fleurie, produit par la fromagerie Damafro.   24-26

Le Sarah Brizou est un fromage à pâte semi-ferme et à croûte fleurie naturelle produit par la Ferme Piluma à Saint-Basile-de-Portneuf.   26

Le Sir Laurier d'Arthabaska est un fromage à pâte molle et croûte lavée produit à la fromagerie Côté à Warwick.   88

La Tomme de cervoise est un fromage de chèvre à pâte semi-ferme et à croûte lavée (affiné à la bière) de la fromagerie La Petite Cornue.   24

Le Vacherin Chaput est un fromage à pâte molle et à croûte lavée produit des Fromages Chaput.   82

Canapés de ricotta au poivron grillé et à la ciboulette

Ingrédients

250 ml	fromage ricotta régulier ou léger	1 tasse
1/2	poivron grillé (vendu en pot), égoutté et coupé en brunoise (dés minuscules)	1/2
30 ml	ciboulette, hachée fin	2 c. à soupe
	Sel et poivre du moulin, au goût	
36	biscottes ou craquelins de votre choix	36
36	Petites olives noires	36

Méthode

Mélanger le fromage, les dés de poivron et la ciboulette dans un bol; saler (si vous utilisez de la ricotta) et poivrer.

Tartiner les biscottes et déposer une olive noire au centre de chaque canapé.

Du fromage de chèvre frais ou affiné ainsi qu'un fromage fondu à tartiner peuvent remplacer la ricotta.

Canapés de fromage bleu au cognac

Ingrédients

125 g	fromage bleu de chèvre de Saint-Benoît-du-Lac	1/4 lb
45 ml	beurre non salé	3 c. à soupe
30 ml	cognac ou de porto	2 c. à soupe
	Poivre du moulin, au goût	
1	pain de mie, tranché	1
	Tomates séchées ou olives noires, coupées en petits copeaux	

Méthode

Mélanger tous les ingrédients de la tartinade et réserver la préparation dans un bol à la température de la pièce. Rogner les croûtes bordant les tranches de pain et tartiner chacune avec le mélange au fromage. Couper les tranches tartinées en quatre (en carré ou en triangle) et déposer au centre un copeau de tomate séchée ou d'olive noire.

Dresser les canapés dans un plat de service et conserver au frais jusqu'au moment de servir.

Tous les autres types de fromages bleus peuvent être utilisés pour cette recette.

LES FROMAGES DU QUÉBEC

Amuse-gueule de fromages aux fruits

Au lieu de servir une trempette avec des crudités et des petits biscuits salés à l'apéritif, pourquoi ne pas offrir à vos invités des fruits avec des fromages variés? Cela crée un bel effet et chacun en redemandera. Ces amuse-gueule sont également prisés en guise de casse-croûte ou de collation. Voici des suggestions :

Abricot au bleu Ermite : travailler à la fourchette du fromage bleu et du mascarpone puis garnir de ce mélange des abricots secs entaillés.

> *Tous les autres types de bleus peuvent être utilisés. On peut remplacer le mascarpone par un brie doux ou un triple crème tel le Riopelle de l'Isle (Société agricole de l'Île-aux-Grues).*

Dattes et figues au Saint-Damase et au Cru des Érables : inciser les dattes et les dénoyauter; les farcir d'une bouchée de pâte de Saint-Damase, de brie ou de camembert ou encore oser un fromage plus goûteux à croûte lavée tel le Cru des Érables ou le Délice des Appalaches.

Mini-Brochettes

Mini-brochettes aux raisins muscats et fromage : laver et assécher des raisins muscats ou, à défaut, des raisins verts. Alterner sur une brochette de bambou raisins et cubes de fromage à pâte ferme (cheddar, gouda, gruyère ou emmenthal, etc.) ou semi-ferme (oka, saint-paulin, d'Iberville, Noyan, etc.) au goût.

> *Les fromages à pâte ferme regroupent les cheddars, les goudas, les gruyères et emmenthals pour ne nommer que ceux-là. Dans les pâtes semi-fermes, on retrouve le oka, le saint-paulin, le morbier (les plus connus) et d'autres plus exotiques tel le d'Iberville (fromage au Gré des Champs) ou le Noyan (fromagerie Kaiser).*

Mini-brochettes de jambon et de fromage oka : alterner sur des brochettes en bambou des olives farcies au poivron, des cubes de jambon fumé et d'oka ainsi que des petits oignons au vinaigre; saupoudrer de paprika.

Mini-brochettes de crevettes de Matane et de Tomme de cervoise : embrocher par alternance 1 petite tomate cerise, 3 à 4 crevettes de Matane à la fois, un cube de Tomme de cervoise encore ferme et un morceau de concombre.

Figues fraîches au Sarah Brizou et rosaces de jambon de Bayonne

Ingrédients

8	tranches de pain de mie	8
60 ml	huile de noix, de tournesol ou d'olive	4 c. à soupe
8	figues fraîches	8
	Poivre du moulin, au goût	
4	tranches de jambon de Bayonne ou de prosciutto	4
8	morceaux de fromage Sarah Brizou d'environ 15 g chacun	8

Méthode

Découper la mie des tranches de pain à l'aide d'un emporte-pièce en forme de cœur; conserver les croûtes pour un autre usage (chapelure, croûtons ou pouding au pain, par exemple). Huiler une poêle antiadhésive et y faire dorer les canapés des deux côtés; réserver.

Prélever une minicalotte ou un petit chapeau (côté queue du fruit) sur les figues. Creuser délicatement la chair colorée des fruits décalottés; la déposer dans une assiette et l'écraser à l'aide d'une fourchette; étaler cette pâte sur chaque canapé doré à la poêle. Insérer dans la cavité de chaque figue un morceau de fromage. Disposer une demi-tranche de jambon sur chaque canapé, puis une figue farcie de fromage; disposer sur une assiette de service allant au micro-ondes. Faire fondre le fromage à intensité moyenne durant 15 à 20 secondes et servir aussitôt.

Les amateurs de Cru des Érables et de Pied-de-Vent apprécieront ces fromages avec les figues fraîches. On peut également utiliser un fromage plus doux et à pâte molle tel le Jeune Cœur ou le Saint-Damase, ou encore un fromage semi-ferme tel le oka, le Délice des Appalaches de la ferme Éco-Délices ou le Vacherin Côté.

Aumônières de pâte filo au cheddar de chèvre

Ingrédients

1	paquet de pâte filo	1
300 g	épinards, cuits, égouttés et hachés fin (1 sac)	10 1/2 oz
500 g	tofu	1 lb
250 ml	cheddar de chèvre Montagnard râpé	1 tasse
250 ml	champignons, nettoyés et hachés fin	1 tasse
1/2	poivron rouge, coupé en dés minuscules	1/2
1/2	poivron vert, coupé en dés minuscules	1/2
4	gousses d'ail, hachées fin	4
30 ml	piment jalapeño, coupé en dés minuscules	2 c. à soupe
1	tige de basilic frais, hachée fin	1
	Sel et poivre du moulin	
30 ml	huile	2 c. à soupe
65 ml	beurre fondu	1/4 tasse
	farine	

Méthode

Préchauffer le four à 180 °C (350 °F). Huiler une plaque à pâtisserie; réserver. Émietter le tofu dans un bol et le mélanger au fromage râpé ainsi qu'aux épinards hachés; ajouter les autres garnitures; saler et poivrer au goût.

Séparer une feuille de pâte filo en deux; en déposer une première sur un espace de travail légèrement enfariné, badigeonner sa surface de beurre fondu, puis la recouvrir de l'autre demi-feuille. Découper un des côtés pour former un carré (on peut ajouter ces rognures au centre de la pâte en les badigeonnant de beurre entre chaque addition). Étaler 30 ml (2 c. à soupe) de farce au centre des feuilles de pâte; relever les bords de façon à former une aumônière, puis les attacher à l'aide d'une queue d'oignon vert si désiré (la pâte devrait tenir en la serrant légèrement et en lui donnant un demi-tour; on peut également façonner des rouleaux en rabattant les rebords vers le centre et en enroulant la pâte sur elle-même). Déposer les aumônières sur la plaque huilée; badigeonner les surfaces de beurre fondu.

Faire dorer au four 20 minutes. Servir chaud ou froid.

Du cheddar (doux ou vieux) de lait de vache ou du féta peuvent remplacer le fromage de chèvre. Variante : remplacer le tofu par de la ricotta.

Donne 1 pot moyen
Préparation : 25 min
Stérilisation : 20 min

Billes de fromage de chèvre frais aux herbes à l'huile de tournesol

Ingrédients

750 ml	fromage de chèvre frais Micha	3 tasses
15 ml	yogourt nature	1 c. à soupe
5 ml	huile de tournesol	1 c. à thé
	Sel et poivre moulu, au goût	
15 ml	flocons d'ail déshydraté	1 c. à soupe
3 ml	thym séché	1/2 c. à thé
60 ml	menthe séchée	4 c. à soupe
1 pot	d'environ 1 l (4 tasses)	1 pot
	Huile de tournesol : assez pour recouvrir les billes de fromage	
2	petits piments entiers séchés	2
2	feuilles de laurier	2

Méthode

Mettre le pot à stériliser dans une marmite remplie d'eau bouillante durant 20 minutes.

Mettre le fromage dans un robot culinaire avec le yogourt, la cuillerée d'huile de tournesol, le sel et le poivre, l'ail, le thym et la menthe. Mélanger la masse jusqu'à consistance homogène; retirer la pâte et la déposer dans un bol. Étendre une longueur de papier ciré sur une surface de travail. Se laver les mains sous l'eau froide; prélever des petites poignées de fromage aromatisé et les façonner une à une en bille entre le creux des mains. Déposer les billes au fur et à mesure sur le papier ciré.

Retirer le pot de l'eau bouillante; l'égoutter en le plaçant à l'envers sur un linge propre; laisser refroidir. Verser un peu d'huile de tournesol au fond du pot, puis ajouter des billes de fromage; y placer à la verticale un piment et une feuille de laurier. Reverser un peu d'huile, remettre des billes de fromage, un piment et une feuille de laurier, puis recouvrir les billes de fromage qui ne doivent pas rester à l'air libre. Sceller le pot et réfrigérer jusqu'au moment de servir. Délicieux dans des salades, sur du pain grillé ou dans un bol de consommé de volaille chaud.

Tous les fromages de chèvre frais se prêtent à cette préparation. Contrairement à certaines autres huiles, l'huile de tournesol ne trouble pas lorsqu'on l'entrepose au frais.

Pour 4 à 6 personnes
Préparation : 20 min
Cuisson (gratin) : 1 à 2 min

HORS-D'ŒUVRE ET AMUSE-GUEULE

Huîtres Doux-Jésus

Ingrédients

24	huîtres nettoyées	24
30 ml	beurre	2 c. à soupe
15 ml	huile	1 c. à soupe
2	échalotes françaises, hachées fin	2
2	gousses d'ail, hachées fin	2
15 ml	persil, haché fin	1 c. à soupe
30 ml	farine	2 c. à soupe
80 ml	lait	1/3 tasse
80 ml	fumet de poisson, bien assaisonné	1/3 tasse
80 ml	cidre sec ou vin blanc	1/3 tasse
	Sel et poivre du moulin, au goût	
1 pincée	muscade	1 pincée
Soupçon	Angostura	Soupçon
	Sauce Tabasco, au goût	
24	champignons de Paris, coupés en lamelles	24
15 ml	beurre	1 c. à soupe
15 ml	huile	1 c. à soupe
125 g	gruyère québécois	1/4 lb

Méthode

Écailler les huîtres, les égoutter en réservant leur jus et les conserver au frais dans leur coquille.

Faire revenir les échalotes et l'ail dans la première quantité de beurre et d'huile; ajouter la farine, en tournant, puis le lait, le fumet de poisson, le cidre (ou le vin) et le jus des huîtres; amener au point d'ébullition et laisser cuire à feu doux dix minutes. Ajouter le persil.

Ajouter le sel, le poivre, la muscade, l'Angostura et de la sauce Tabasco, au goût.

Faire revenir les champignons émincés dans un peu d'huile et de beurre jusqu'à ce qu'ils soient dorés; les incorporer à la sauce.

Préchauffer le four à 200 °C (400 °F). Napper chaque huître de sauce; saupoudrer de fromage râpé; gratiner au four très chaud jusqu'à belle dorure du fromage.

L'emmenthal, l'havarti et le gouda des fromagerie Chalifoux ou Damafro ainsi que le Cantonnier de Warwick, de la fromagerie Côté, ou la raclette des Appalaches de la ferme Éco-Délices remplaceront le gruyère de belle façon.

Mouhamarra au féta, aux noix et à la grenadine

Ingrédients

250 ml	noix, hachées fin	2 tasses
250 ml	fromage féta, émietté fin	1 tasse
125 ml	chapelure	1/2 tasse
2	tomates italiennes, pelées, épépinées et hachées fin	2
125 ml	pâte de tomate	1/2 tasse
1	poivron rouge grillé, réduit en purée	1
1	citron : le jus	1
30 ml	sirop de grenadine	2 c. à soupe
125 ml	huile d'olive	1/2 tasse
2 à 3	gousses ail, hachées fin	2 à 3
2	petits piments frais, hachés fin	2
5 ml	origan	1 c. à thé
	Sel et poivre du moulin, au goût	
	Colorant alimentaire rouge	
	Feuilles de menthe fraîches, au goût	
	Pignons grillés, au goût	

Méthode

Mélanger les noix, le fromage et la chapelure. Mélanger à part dans un bol les tomates, la pâte de tomate, la purée de poivron rouge, le jus de citron, l'huile, l'ail, les piments et l'origan et la grenadine. Incorporer les premiers ingrédients mélangés à ceux du bol; mélanger délicatement tous les ingrédients. Ajouter un peu de colorant pour donner une belle couleur. Réfrigérer 1 nuit.

Au moment de servir, présenter la mouhamarra dans un beau plat; saupoudrer de pignons grillés et décorer de feuilles de menthe. Accompagner de pain pita grillé.

On peut remplacer le féta par de la ricotta.

Pâté de cheddar vieux aux tomates séchées et à l'ail

Ingrédients

500 g	cheddar vieux	2 tasses
6	tomates séchées conservées dans l'huile	6
1	gousse ail	1
65 ml	persil, haché fin	1/4 tasse
45 ml	huile d'olive	3 c. à soupe
65 ml	mascarpone ou fromage à la crème	1/4 tasse
45 ml	beurre ramolli	3 c. à soupe
65 ml	craquelins (biscuits soda) au blé entier	1/4 tasse
	Poivre du moulin, au goût	

Méthode

Déposer les ingrédients par ajouts successifs dans un robot culinaire ; réduire en purée et réserver.

Beurrer une terrine; y tasser la préparation. Réfrigérer 2 heures. Démouler le pâté dans une assiette en passant les contours de la terrine sous l'eau chaude du robinet. Servir avec des tranches de pain de campagne grillées.

On peut remplacer le mascarpone par la même quantité de fromage à la crème ou de beurre.

Rouleaux de féta croustillants à la turque

Ingrédients

12	feuilles de yufkas (mince pâte feuilletée turque)	12
65 ml	persil (ou coriandre), haché fin	1/4 tasse
250 ml	fromage féta de chèvre	1 tasse
1	œuf : le blanc battu	1
	huile pour friture	

Méthode

Rincer le fromage sous l'eau et l'assécher. L'écraser dans un bol à l'aide d'une fourchette; ajouter le persil ou la coriandre et bien mélanger; réserver. Découper les feuilles de pâte en triangle et les badigeonner de blanc d'œuf. Placer en longueur un peu de préparation à l'extrémité la plus large du triangle de pâte en laissant un peu d'espace à chaque bout. Rabattre ces extrémités vers l'intérieur sur la préparation puis rouler la pâte en formant un petit cigare; sceller la pointe en la pressant pour bien la souder avec le blanc d'œuf. Chauffer l'huile. Frire les rouleaux jusqu'à belle dorure.

On trouve les feuilles de yufkas dans les épiceries moyen-orientales, turques notamment. Les Vietnamiens utilisent une pâte semblable pour les nems ou rouleaux impériaux que l'on se procure dans les épiceries asiatiques. La pâte filo peut également remplacer le yufkas. On peut varier la recette en y ajoutant de l'ail et en remplaçant le féta par de la ricotta.

Tarte aux poireaux et au chèvre frais

Ingrédients

2	blancs de poireaux, nettoyés et coupés en demi-tronçons minces	2
15 ml	huile de tournesol	1 c. à soupe
15 ml	beurre	1 c. à soupe
2	œufs	2
250 ml	chèvre frais Micha	1 tasse
250 ml	bière (blanche ou blonde)	1 tasse
	Sel et poivre du moulin	
1	abaisse de pâte brisée ou feuilletée	1

Méthode

Préchauffer le four à 200 °C (400 °F). Chauffer l'huile et le beurre dans une poêle, y faire revenir à feu doux les poireaux émincés jusqu'à ce qu'ils soient tendres (environ 5 minutes).

Défaire dans un bol le fromage avec les œufs, ajouter la bière; battre légèrement; saler, poivrer et incorporer les poireaux. Verser le tout dans une assiette à tarte foncée d'une abaisse de pâte brisée ou feuilletée. Cuire au four 10 minutes à 200 °C (400 °F); réduire la température à 180 °C (350 °F) et laisser cuire 30 à 40 minutes environ ou jusqu'à ce que la pâte soit cuite. Servir tiède.

Tous les fromages de chèvre frais s'utilisent pour cette recette

Pour 8 à 10 personnes
Préparation : 30 min
Cuisson : 30 à 40 min

HORS-D'ŒUVRE ET AMUSE-GUEULE

Tarte au brie du roi Richard II

Ingrédients

1	abaisse de pâte brisée salée	1
500 g	brie de Vaudreuil	1 lb
3 ml	gingembre en poudre	1/2 c. à thé
5	œufs	5
250 ml	crème ou mascarpone	1 tasse
4 pincées	safran	4 pincées
5 ml	cassonade	1 c. à thé
	Poivre du moulin, au goût	

Méthode

Préchauffer le four à 180 °C (350 °F). Beurrer et enfariner un moule à tarte assez profond d'un diamètre d'environ 27 cm (10 po) et cuire l'abaisse de tarte une dizaine de minutes; la retirer sans éteindre le four.

Prélever la croûte du brie au couteau et la couper en lanières; réserver pour la finition de la tarte.

Réduire le brie en purée au robot culinaire; y incorporer un à un les œufs, le gingembre, puis la crème (ou le mascarpone), le safran, la cassonade et le sel. Battre le tout jusqu'à consistance homogène et onctueuse. Verser ce mélange sur le fond de tarte; garnir la surface avec les croûtes de fromage. Mettre la tarte à cuire au four de 30 à 40 minutes jusqu'à belle dorure. Servir très chaud avec un bon cidre frais.

La tarte au brie est bien gonflée à sa sortie du four, comme sur la photo, mais elle s'affaisse rapidement.

La recette de tarte au brie est très ancienne. Elle fut trouvée dans un ouvrage commandé par le roi d'Angleterre Richard II et rédigé en 1390. Le brie normand semble avoir été introduit en Angleterre en 1066, année où ce pays fut conquis par Guillaume de Normandie. Du chèvre sec Chaput remplace bien le brie suggéré pour cette recette.

Tartelettes à la viande fumée

Ingrédients

500 g	pâte brisée ou feuilletée (maison ou du commerce)	1 lb
45 ml	huile	3 c. à soupe
125 ml	champignons, tranchés	1/2 tasse
1	oignon, haché fin	1
2	œufs, battus	2
250 ml	lait	1 tasse
125 g	viande fumée, coupée en lanières	1/4 lb
1	cornichon à l'aneth, coupé en petits dés	1
125 ml	fromage à pâte semi-ferme ou ferme, coupé en fines tranches, puis ces fines tranches émincées en lanières	1/2 tasse
	Sel et poivre du moulin, au goût	

Méthode

Préchauffer le four à 200 °C (400 °F). Faire revenir à la poêle dans un peu d'huile les champignons, puis l'oignon haché; réserver. Battre les œufs et le lait dans un bol, ajouter les lanières de viande fumée, les champignons et l'oignon sautés, les dés de cornichon et le fromage. Saler, poivrer et bien mélanger; réserver.

Foncer 8 moules à tartelettes de pâte et y verser la préparation. Cuire au four 30 minutes. Servir chaud ou tiède avec une salade verte au choix ou une salade de tomates à l'échalote française et au basilic frais.

Pour cette recette, utilisez un fromage à pâte semi-ferme (mamirolle [Éco-Délices], d'Iberville [Au Gré des Champs], Migneron [Maison d'affinage Maurice Dufour], Sarah Brizou, etc.) ou ferme (Miranda, raclette des Appalaches [Éco-Délices] ou Wabasee [Ptit Train du Nord à Ferme Neuve]) corsé qui donne arôme et saveur aux tartelettes. Un fromage à pâte molle et croûte lavée goûteux peut les remplacer, mais est plus difficile à couper.

Terrine de fromage au saumon fumé

Ingrédients

8	œufs	8
1	gros oignon, haché fin	1
30 ml	mayonnaise au citron	2 c. à soupe
1	branche de céleri, coupée en petits dés	1
60 ml	olives vertes farcies, hachées	1/4 tasse
30 ml	câpres, hachées grossièrement	2 c. à soupe
	Sel et poivre du moulin, au goût	
250 g	saumon fumé	1/2 lb
500 g	chèvre	1 lb
1	lime (ou citron vert)	1
	Paprika	

Garnitures

Pour accompagner la terrine : bagels et tranches de pain de campagne grillées, crudités : radis, concombre, céleri, languettes de poivrons verts et rouges.

Méthode

Cuire les œufs dans l'eau bouillante (compter trois minutes et demie après la reprise de l'ébullition); les écraser avec l'oignon et la mayonnaise jusqu'à l'obtention d'une pâte ferme; ajouter le céleri, les olives et les câpres; saler, poivrer; réserver.

Piler le saumon fumé (ou le passer rapidement au robot culinaire); réserver. Écraser le fromage à la fourchette pour lui donner la consistance d'une pâte.

Étaler le saumon fumé sur le fond et les bords, jusqu'à mi-hauteur, d'un bol rond de 17 cm (7 po) de diamètre. Disposer le fromage dans la cavité formée par le saumon, puis couvrir le tout avec la préparation aux œufs; réfrigérer environ 2 heures. Renverser délicatement sur un plat de service. Couper la lime en tranches, puis en deux en forme de demi-lune et en garnir le tour de la terrine. Réfrigérer jusqu'au moment de servir.

Présenter avec les garnitures suggérées. Dans l'assiette, chaque convive mélange tous les ingrédients avant d'en napper les tranches de pain grillées; on peut saupoudrer de paprika si désiré.

Remplacez le fromage de chèvre par un labneh ou un fromage de vache égoutté (le Conrad de la fromagerie Au Gré des Champs, par exemple) ou un fromage à la crème. Si vous utilisez un fromage à la crème de type Philadelphie, ajoutez 30 à 45 ml (2 à 3 c. à soupe) de crème sure pour le rendre plus malléable. Attention, le fromage doit conserver une consistance assez ferme!

Tomates glacées au poivron et aux Boutons de saphir de chèvre

Ingrédients

1 boîte	tomates de 795 ml (28 oz)	1 boîte
1	échalote française, hachée fin	1
1	poivron vert, coupé en dés moyens	1
30 ml	coriandre fraîche, hachée fin	2 c. à soupe
1 pincée	origan frais, haché fin	1 pincée
30 ml	jus de citron	2 c. à soupe
15 ml	huile d'olive extra vierge	1 c. à soupe
soupçon	sauce Tabasco	soupçon
65 ml	concombre, coupé en dés minuscules	1/4 tasse
	Sel et poivre du moulin, au goût	
1 pot de 100 g	Boutons de saphir aux herbes de Provence	
	Tranches de pain de campagne grillées	
	Quartiers de citron	
	Sel de mer	

Méthode

Égoutter les tomates et réserver leur jus; les couper en quartiers et les déposer dans un saladier. Ajouter l'échalote, le poivron, la coriandre, l'origan, le jus de citron, l'huile d'olive, le soupçon de Tabasco et les dés de concombre; y verser le jus des tomates et bien mélanger le tout. Saler et poivrer. Réfrigérer 2 heures.

Au moment de servir, humecter de jus de citron les rebords de petites coupes et les givrer de sel. Placer les tomates glacées dans les coupes; ajouter 2 à 3 Boutons de saphir aux herbes de Provence dans chacune; décorer le rebord de chaque coupe d'un quartier de citron. Présenter le tout avec des tranches de pain de campagne grillées tartinées de bon beurre salé.

Comme substitut aux Boutons de saphir (petites boulettes de fromage de chèvre dans l'huile de tournesol), utilisez le Montefino de la ferme Diodati frais ou affiné dans l'huile, ou les Boutons de culotte de la fromagerie Ruban Bleu, qui sont de type crottin de Chavignol.

Pour 6 à 8 personnes
Préparation : 30 à 40 min
Cuisson : 30 à 40 min

HORS-D'ŒUVRE ET AMUSE-GUEULE

Clafoutis de champignons sauvages au Saint-Basile

Ingrédients

125 ml	farine	1/2 tasse
3 ml	sel	1/2 c. à thé
	Poivre du moulin, au goût	
1 pincée	thym	1 pincée
3	œufs	3
310 ml	lait	1 1/4 tasse
500 g	champignons sauvages ou de culture, émincés	1 lb
60 ml	beurre	4 c. à soupe
45 ml	huile d'olive	3 c. à soupe
6	gousses d'ail, hachées fin	6
125 g	fromage Saint-Basile, coupé en lamelles	1/4 lb
60 ml	ciboulette, hachée fin	4 c. à soupe
60 ml	persil, haché fin	4 c. à soupe

Méthode

Préchauffer le four à 200 °C (400 °F). Beurrer légèrement un moule à clafoutis ou une terrine; réserver. Mettre la farine et le sel dans un bol; faire un puits et y mettre le poivre, le thym et les œufs; incorporer progressivement à la farine en alternant avec le lait; bien battre au fouet; conserver la pâte au frais.

Ajouter le beurre restant et l'huile dans une poêle; y faire dorer les champignons jusqu'à évaporation du liquide rendu. Parsemer les champignons d'ail; faire sauter le tout quelques secondes. Étaler les champignons sautés à l'ail dans la terrine beurrée; y verser la pâte à clafoutis. Disposer en surface les lamelles de fromage Saint-Basile; parsemer de ciboulette et de persil. Cuire 30 à 40 minutes; la pâte est cuite lorsqu'une lame de couteau insérée au centre en ressort sèche. Retirer du four et laisser reposer 15 minutes avant de servir.

Un fromage Empereur ou un Miranda, deux produits de la fromagerie Fritz Kaiser à Noyan, en Montérégie, peuvent être utilisés pour ce clafoutis aux arômes de sous-bois.

Canapés de chèvre à la compote de fruits

Ingrédients

5	tiges de rhubarbe	5
2	bananes	2
1	pomme	1
	gingembre frais, au goût	
125 ml	sucre	1/2 tasse
65 ml	eau	1/4 tasse
	Pain aux grains	
1	petit fromage de chèvre	1

Méthode

Peler les tiges de rhubarbe et les bananes, les couper en tronçons; réserver. Peler, évider et couper la pomme en quartiers. Peler un morceau de gingembre (quantité au goût); l'émincer en minces lamelles, ensuite en julienne, puis en dés minuscules (brunoise).

Dans une casserole, faire fondre le sucre dans l'eau. Ajouter le gingembre et mijoter quelques instants jusqu'à ce qu'il devienne translucide. Ajouter la rhubarbe, les bananes et la pomme; amener à ébullition, couvrir, fermer le feu et laisser étuver 10 minutes sans lever le couvercle. Au bout de ce temps, découvrir et bien mélanger les ingrédients; laisser refroidir. Mettre dans un pot et réfrigérer 1 heure.

Servir la compote avec le fromage de chèvre et des tranches de pain aux grains grillé ou non. Chacun tartine sa tranche de fromage, puis la recouvre ensuite d'une couche de compote.

D'autres fromages frais de bonne consistance peuvent être utilisés pour ces canapés (labneh, cottage, ricotta et fromage à la crème), ainsi qu'un cheddar, vieilli ou non, en tranche, sur un pain grillé bien chaud

Muffins au cheddar vieux de Perron et aux pommes

Ingrédients

1	œuf	1
185 ml	sucre	3/4 tasse
185 ml	lait	3/4 tasse
250 ml	céréales de son	1 tasse
250 ml	farine	1 tasse
15 ml	levure chimique (poudre à pâte)	1 c. à soupe
1 pincée	sel	1 pincée
1 pincée	muscade râpée	1 pincée
30 ml	beurre fondu	2 c. à soupe
1	pomme coupée en petits dés, arrosés de jus de citron	1
125 ml	cheddar vieux (fort), coupé en dés	1/2 tasse
	Une petite quantité de farine	

Méthode

Battre l'œuf et le sucre; ajouter le lait et les céréales. Incorporer graduellement la farine, la levure chimique, le sel et la muscade; ajouter le beurre fondu. Éponger les dés de pomme et les ajouter à la préparation avec les dés de fromage préalablement passés dans un peu de farine. Verser dans un moule à muffins contenant des caissettes de papier beurrées. Cuire 20 à 25 minutes à 200 °C (400 °F).

*Sous le règne de « Sa Très Gourmande » reine Victoria, il existait en Angleterre
des vendeuses et vendeurs de muffins qui trimbalaient leurs paniers à travers les rues
des cités et villes du royaume. Les muffins ont toujours la faveur des Anglais
qui aiment les déguster à l'heure du thé.*

Variantes de pain baguette en canapés de chèvre frais

Ingrédients

375 g	fromage de chèvre frais crémeux	3/4 lb
3	baguettes ou un pain de campagne	3

Méthode

Couper les pains baguette dans le sens de la longueur ou le pain de campagne en tranches. Tartiner de fromage de chèvre et composer les canapés.

Chèvre-poires et noix

4	demi-poires au sirop, égouttées et coupées en tranches	4
15 ml	sucre	1 c. à soupe
	Cannelle moulue, au goût	
	Cerneaux de noix de Grenoble, au goût (facultatif)	

Recouvrir le fromage de tranches de poire. Mélanger ensemble le sucre et la cannelle moulue et en saupoudrer les poires. Décorer de cerneaux de noix si désiré.

Chèvre-mousse de jambon

250 g	jambon cuit	1/2 lb
30 ml	mayonnaise	2 c. à soupe
3	petits oignons verts (queues et parties blanches), hachés	3
1	cornichon à l'aneth, haché fin	1
Soupçon	piment de Cayenne	Soupçon
6	petites olives farcies au poivron, coupées en rondelles	6

Passer le jambon avec la mayonnaise au robot culinaire jusqu'à l'obtention d'un mélange homogène. Incorporer les oignons et le cornichon hachés. Napper la tartine au fromage de chèvre d'une couche de mousse de jambon; saupoudrer de Cayenne. Décorer de rondelles d'olives farcies.

Chèvre-saumon

125 g	saumon fumé	1/4 lb
1	oignon, coupé en tranches minces	1
30 ml	câpres	2 c. à soupe
1	citron	1
	Poivre du moulin, au goût	

Disposer des tranches de saumon fumé sur le fromage; garnir de rondelles d'oignon et de câpres. Poivrer généreusement. Servir avec des quartiers de citron.

On remplace le chèvre nature par du fromage à tartiner assaisonné. Il en existe plusieurs : au poivre, à l'ail et persil, à la menthe ou aux herbes de Provence. On peut également utiliser du fromage fondu à tartiner de type gruyère suisse.

Pour 4 à 6 personnes
Préparation : 15 min
Cuisson : 15 à 20 min

CONSOMMÉ ET SOUPE

Consommé chaud aux coquillettes et au cheddar L'Ancêtre

Ingrédients

2 l	bouillon de volaille bien assaisonné	8 tasses
125 ml	coquillettes à soupe	1/2 tasse
250 ml	oignon, haché fin	1 tasse
250 ml	céleri, coupé en brunoise (dés minuscules)	1 tasse
250 ml	carotte, coupée en brunoise	1 tasse
	Sel et poivre du moulin, au goût	
250 g	fromage cheddar affiné L'Ancêtre	1/2 lb

Méthode

Chauffer le bouillon, ajouter les coquillettes et les légumes; laisser mijoter lentement jusqu'à cuisson des pâtes. Vérifier l'assaisonnement; saler et poivrer. Servir le cheddar râpé à part (chacun ajoute au bouillon la quantité de fromage désirée). Accompagner de tranches de pain de blé entier grillées.

Conservez les carcasses de volaille pour vous constituer un bon bouillon. Laissez mijoter les os dans l'eau 2 heures avec oignons, carottes, queues de persil, feuilles de céleri, laurier, sarriette et ail. Passez au tamis; refroidissez et dégraissez. Tous les cheddars peuvent être utilisés dans cette recette, notamment le Cru fermier produit par la Ferme Bord-des-Rosiers ou un cheddar de chèvre tel le Chèvre Noir de la fromagerie Tournevent, ou encore ceux des fromageries Dion et Ruban Bleu, pour ne nommer que ceux-là.

Soupe au riz, au citron et au caciocavallo fumé

Ingrédients

2 l	bouillon de volaille maison bien assaisonné	8 tasses
1	petit oignon, émincé fin	1
125 g	riz	1/4 lb
2	jaunes d'œufs	2
1	citron : le jus	1
2	blancs d'œufs	2
	Sel et poivre du moulin, au goût	
125 g	caciocavallo fumé, coupé en rondelles minces	1/4 lb
60 ml	persil, haché fin	4 c. à soupe

Méthode

Cuire l'oignon et le riz dans le bouillon de volaille; mijoter, éviter une trop grande ébullition.

Dans un grand bol à salade, délayer les jaunes d'œufs dans le jus de citron et y verser le bouillon de volaille graduellement, avec un fouet.

Battre les blancs d'œufs en neige et les incorporer à la soupe, toujours en utilisant un fouet. Saler et poivrer; verser le tout dans une soupière. Ajouter les médaillons de fromage dans chaque assiette avant d'y verser la soupe. Parsemer de persil.

Du caciocavallo non fumé donne aussi une saveur exquise à cette soupe.

Macédoine de légumes en rémoulade de fromage Belle-Marie

Ingrédients

6	pommes de terre cuites, coupées en petits cubes	6
500 ml	légumes (carottes, haricots et petits pois) cuits et refroidis	2 tasses
1/2	poivron rouge, coupé en dés minuscules	1/2
6	petits oignons verts (ou ciboules), émincés fin	6
1 branche	céleri, coupée en brunoise (dés minuscules)	1 branche
24	olives de votre choix, de préférence dénoyautées	24
15 ml	câpres	1 c. à soupe
6	tomates séchées à l'huile d'olive, coupées en lanières	6

Sauce au fromage :

175 g	fromage Belle-Marie, râpé	3/4 lb
1	citron : le jus	1
1	lime : le jus	1
125 ml	mayonnaise	1/2 tasse
	Sel et poivre du moulin, au goût	

Méthode

Mélanger dans un bol les dés de pommes de terre et les légumes cuits; ajouter le poivron, les oignons, le céleri, les olives et les câpres; réserver les tomates coupées en lanières pour décorer.

Passer tous les ingrédients de la sauce au robot culinaire jusqu'à consistance crémeuse; ajouter un peu de mayonnaise si la préparation est trop compacte et mélanger à nouveau.

Verser la sauce au fromage sur les légumes; mélanger le tout et rectifier l'assaisonnement. Servir avec des charcuteries ou des viandes froides.

Ulitilisez un fromage de chèvre à pâte semi-ferme de votre choix, par exemple : la Tomme de cervoise (La Petite Cornue), le Capra (Suisse Normande), le Saint-Rose et le Rosé du Saguenay (la Petite Heidi), la tomme du Mont-Bleu (la Chèvre du Mont-Bleu), la tomme de chèvre (Damafro), la tomme du Haut-Richelieu (Kaiser).

Pour 4 personnes
Préparation : 5 min
Dégorgement : 2 h

Petits concombres au chèvre, au yogourt et à l'estragon

Ingrédients

12	concombres de petite taille, pelés et coupés en tronçons	12
	Sel de mer	
125 g	fromage Paillot	1/4 lb
65 ml	yogourt nature	1/4 tasse
3 ml	vinaigre balsamique	1/2 c. à thé
10 ml	huile d'olive première pression	2 c. à thé
1/4	citron : le jus	1/4
	Sel et poivre du moulin, au goût	
6	tiges d'estragon frais, effeuillées	6

Méthode

Déposer les tronçons de concombres dans une passoire; les saupoudrer généreusement de sel de mer; agiter les concombres pour bien les enduire de sel. Placer la passoire dans le lavabo de la cuisine et laisser dégorger les concombres 2 heures.

Rincer les concombres sous l'eau froide pour bien les dessaler; égoutter. Les étaler sur un linge et avec un autre linge, les essuyer pour enlever l'excédent d'eau; réserver entre les deux linges.

Écraser ensemble dans un bol le fromage et le yogourt; incorporer le vinaigre, l'huile, le jus de citron, le sel et le poivre; bien mélanger. Ajouter les tronçons de concombre asséchés et les feuilles d'estragon; bien mélanger les ingrédients. Réfrigérer jusqu'au moment de servir.

Le Paillot est un fromage de chèvre affiné à croûte fleurie qui tient son origine des brins de paille dont s'agrémentait sa croûte. On peut utiliser tous les autres chèvres à croûte fleurie avant que la pâte ne devienne trop coulante : le Chèvre-d'Œuvre et la Pyramide (Les Trois Clochettes), le Bouleau et le Cabri (Chaput), le Chèvre Fin (Tournevent), le Pastonfrais (Le Pastoureau), le Barbu, le Petit Poitou, le Pizy et le Petit Normand (la Suisse Normande), la P'tite Chevrette, le Saint-Isidore cendré et la Bûchette (Ruban Bleu). On peut également se servir d'un chèvre frais : Blanchon (ferme Caron), Cabanon (La Moutonnière), Chèvre des Alpes (Damafro), le Petit Vinoy (La Biquetterie), le Sainte-Rose (Petite Heidi), Micha (Floralpe), Chimo (Ferme Chimo), etc.

Rémoulade de radis et de concombre au Brebiouais

Ingrédients

1	botte de jeunes radis printaniers, parés et lavés	1
1/3	concombre anglais	1/3
125 g	fromage de brebis Brebiouais	1/4 lb
	oignons verts, hachés fin, au goût	
1/2	citron : le jus	1/2
60 ml	mayonnaise	4 c. à soupe
3 ml	moutarde de Dijon	1/2 c. à thé
	Sel et poivre du moulin, au goût	

Méthode

Couper les radis en rondelles, puis les tailler en julienne (lanières fines); réserver. Couper de la même façon le concombre lavé, mais non pelé. Couper le bloc de fromage en tranches fines, puis en julienne. Réserver tous ces ingrédients.

Mélanger au fouet dans un bol le jus de citron, la mayonnaise, la moutarde, le sel et le poivre.
Y déposer la julienne de légumes et de fromage. Bien mélanger, parsemer d'oignons verts hachés.

On peut remplacer le Brebiouais par un des nombreux fétas fabriqués au Québec ou par un chèvre de type crottin des fromageries Ruban Bleu, Ferme Diodati, Trois Clochettes, Fromages Chaput, Biquetterie, Suisse Normande, Tournevent, etc. Un fromage de type parmesan se combinerait bien à la préparation, au moins deux fromageries le proposent en grains ou râpé : la fromagerie Dion à Montbeillard et la fromagerie L'Ancêtre à Bécancour.

Salade d'endives, de pacanes et de pommes au Ciel de Charlevoix

Ingrédients

6	petites endives	6
125 g	fromage bleu Ciel de Charlevoix	1/4 lb
1	citron : le jus	1
45 ml	huile d'olive	3 c. à soupe
	Poivre du moulin, au goût	
125 ml	pacanes ou de pignons	1/2 tasse
1	pomme rouge non pelée	1
	Un soupçon d'huile de sésame (facultatif)	

Méthode

Laver, assécher, effeuiller et détailler les endives en lanières; réserver. Dans un bol, écraser le fromage dans le jus de citron et l'huile d'olive à l'aide d'une fourchette; poivrer, mélanger et réserver. Mettre les pacanes ou les pignons à griller au four à micro-ondes quelques minutes ou jusqu'à belle coloration; réserver.

Laver la pomme, la couper en deux, retirer le trognon et couper le fruit en tronçons; citronner les morceaux pour éviter qu'ils noircissent. Ajouter les endives coupées dans le bol contenant la préparation au fromage, puis les morceaux de pommes et, si désiré, un soupçon d'huile de sésame. Bien mélanger la salade et servir aussitôt.

Tous les fromages à pâte persillée conviennent à cette recette : Ermite, Bénédictin ou Chèvre-Noît (abbaye Saint-Benoît-du-Lac) et le bleu La Moutonnière (Bergerie La Moutonnière).

Salade de fenouil aux pommes, aux noix et au fromage d'Oka

Ingrédients

	Eau bouillante légèrement salée	
1	bulbe entier de fenouil avec tiges et feuilles	1
1	pomme verte légèrement acidulée, lavée	1
75 ml	noix de Grenoble, hachées gros	5 c. à soupe
125 g	oka, coupé en petits dés	1/4 lb
1	petit oignon, émincé fin	1
60 ml	persil, haché fin	4 c. à soupe

Vinaigrette :

1/2	citron : le jus	1/2
	Sel et poivre du moulin au goût	
65 ml	huile d'olive extra vierge	1/4 tasse

Méthode

Nettoyer le bulbe de fenouil; retirer les tiges en conservant les feuilles. Couper le bulbe en quatre parties; les émincer en fines lanières et les déposer dans un tamis; les blanchir 30 secondes dans l'eau bouillante légèrement salée; égoutter et rafraîchir; hacher les feuilles. Couper la pomme avec sa pelure en quartiers et l'épépiner. Dans un saladier, déposer les lanières de fenouil rafraîchies, les quartiers de pomme, les noix de Grenoble, les dés d'oka, l'oignon émincé et le persil haché; verser la vinaigrette au citron et à l'huile d'olive. Bien mélanger le tout; réfrigérer la salade de fenouil quelques instants avant de servir.

Utilisez un fromage à votre convenance à pâte semi-ferme : Aura (Damafro), le saint-paulin ou vacherin (Côté), Sarah Brizou (Piluma), Mamirolle (Éco-Délices), d'Iberville (Au Gré des Champs), Fêtard ou Victor et Berthold (du Champ à la Meule), le Migneron (Maison d'affinage Maurice Dufour), la Tomme de cervoise (la Petite Cornue), le Noyan (Kaiser).

SALADES

Salade de tomates au caciocavallo

Ingrédients

6	tomates, mûries à point	6
125 g	fromage caciocavallo, coupé en tranches minces	1/4 lb
45 ml	ciboulette, hachée fin	3 c. à soupe
6 feuilles	basilic frais	6 feuilles

Vinaigrette :

1	citron : le jus	1
1 pincée	sel	1 pincée
	Poivre du moulin, au goût	
65 ml	huile d'olive	1/4 tasse

Méthode

Disposer les tranches de tomates en éventail sur 4 assiettes à hors-d'œuvre; insérer une tranche de fromage entre les tomates.

Préparer la vinaigrette, dissoudre le sel avant d'ajouter l'huile. Verser la vinaigrette sur les tomates; parsemer de ciboulette hachée. Garnir de feuilles de basilic.

Tous les fromages doux à pâte ferme ou semi-ferme conviennent à cette salade de tomates, mais plus particulièrement le Braisé de la Ferme Bord-des-Rosiers à cause de sa fraîcheur (attention au sel) et pour leur douceur, le Mont-Saint-Benoît, les goudas des fromageries Bergeron ou Damafro et le saint-paulin des fromageries Côté, Damafro ou Kaiser.

Mousseline de courge parmentière à l'Ange Cornu

Ingrédients

1	courge poivrée, pelée, coupée en morceaux	1
3	pommes de terre, pelées, coupées en morceaux	3
1	oignon, coupé en deux	1
2	gousses d'ail	2
30 ml	beurre ou d'huile d'olive	2 c. à soupe
125 ml	lait	1/2 tasse
180 ml	fromage l'Ange Cornu râpé	3/4 tasse
	Sel et poivre du moulin	

Méthode

Cuire à l'eau salée courge, pommes de terre, oignon et ail. Égoutter; réduire en purée, ajouter beurre ou huile d'olive et lait (la purée doit être onctueuse); ajouter du lait au besoin; saler et poivrer. Incorporer le fromage râpé et servir aussitôt.

Servir la mousseline de courge poivrée et de pommes de terre avec un poulet grillé, un rôti de bœuf ou un gibier.

On incorpore ou non le fromage à la purée. Autre façon de faire : verser la mousseline dans quatre plats à gratin et napper de fromage avant de faire gratiner. Outre L'Ange Cornu de la fromagerie Piluma, utilisez un fromage corsé à gratiner ou à raclette : la raclette des Appalaches, le Wabassee ou le Au Gré des Champs.

Poivrons farcis aux tomates et au féta de brebis La Moutonnière

Ingrédients

2	poivrons jaunes, coupés en deux sur la longueur, évidés	2
250 g	fromage féta de brebis La Moutonnière	1/2 lb
3	tomates (moyennes), blanchies et pelées	3
2	échalotes françaises, hachées fin	2
4	gousses d'ail, hachées fin	4
45 ml	huile d'olive	3 c. à soupe
8	olives noires, dénoyautées, hachées	8
8	olives vertes, dénoyautées, hachées	8
	Poivre du moulin, au goût	
30 ml	persil, haché fin	2 c. à soupe
5 ml	thym frais	1 c. à thé

Méthode

Préchauffer le four à 190 °C (375 °F). Écraser à l'aide d'une fourchette le fromage dans une assiette creuse. Retirer le pédoncule des tomates; inciser en croix le côté opposé. Plonger les tomates dans l'eau bouillante 10 secondes; les retirer, les rincer sous l'eau froide et les peler; les couper en deux, retirer l'excédent de jus et les graines, puis les couper en dés avant de les ajouter au fromage.

Faire revenir à l'huile dans la poêle les échalotes, puis l'ail; les incorporer avec les olives hachées au mélange fromage-tomates; mélanger. Saler, poivrer et ajouter le thym.

Garnir de farce au fromage la cavité des demi-poivrons; presser pour bien tasser la préparation. Badigeonner d'huile un plat à gratin; y ranger les poivrons farcis. Cuire au four environ 15 minutes. Servir comme accompagnement ou en guise de plat principal.

Dans toutes les recettes au fromage, il faut utiliser le sel avec parcimonie, l'omettre même quelquefois, particulièrement avec le féta qui est conservé dans la saumure.

Pommes de terre sautées aux lardons et au Chèvrochon

Ingrédients

6	pommes de terre, cuites vapeur ou à l'eau	6
1	bloc de bacon non tranché de 125 g (1/4 lb)	1
15 ml	huile	1 c. à soupe
1	gros oignon, émincé	1
2	gousses d'ail, hachées fin	2
1	fromage Chèvrochon d'environ 395 g, affiné à point	1
2 ml	graines de cumin	1/3 c. à thé
	Sel et poivre du moulin, au goût	

Méthode

Préchauffer le four à 140 °C (325 °F). Couper les pommes de terre cuites en cubes et détailler le bloc de bacon en lardons.

Verser l'huile dans une poêle antiadhésive; y faire revenir les lardons de bacon jusqu'à ce qu'ils soient croustillants; les retirer et les conserver sur un papier absorbant. Ajouter à la poêle les cubes de pommes de terre, l'oignon et l'ail; faire dorer. Retirer la croûte du fromage; le couper en petits cubes et ajouter ceux-ci aux pommes de terre lorsqu'elles sont dorées. Ajouter les lardons et le cumin; saler au besoin; poivrer. Quand la masse de la poêle devient dorée, la façonner en omelette puis, en omettant le gras de cuisson, la glisser dans une assiette allant au chaud. Chauffer jusqu'à belle coloration.

Accompagner les pommes de terre sautées aux lardons et au Chèvrochon d'une salade aux diverses laitues et jeunes pousses.

Tout fromage à pâte molle et croûte lavée bien fait se prête bien à cette recette.
La tomme de chèvre, comme celle produite par la Ferme Damafro,
convient bien à ce plat rustique.

Parmentière gratinée au Peter

Ingrédients

8	pommes de terre pelées et coupées en tranches fines	8
1	oignon tranché fin	1
250 g	fromage Peter, coupé en tranches minces	1/2 lb
125 ml	crème 35 %	1/2 tasse
15 ml	graines de cumin	1 c. à soupe
	Sel et poivre du moulin, au goût	
1/2 bouteille	bière Blanche de Chambly	1/2 bouteille

Méthode

Préchauffer le four à 180 °C (350 °F). Cuire les pommes de terre dans l'eau légèrement salée ou à la vapeur pendant 5 minutes, les rafraîchir sous l'eau froide et les égoutter; réserver.

Beurrer une cocotte, étaler par couches successives les tranches de pommes de terre, d'oignon et de fromage ainsi que la crème, le cumin, le sel et le poivre; renouveler les couches avec les ingrédients restants. Mouiller de Blanche de Chambly et cuire au four environ 45 minutes.

Un fromage de brebis tomme de cervoise, produit à la fromagerie la Petite Cornue à Berthierville donnera également un beau résultat. Vous pouvez utiliser tout fromage à pâte semi-ferme ou ferme et à croûte lavée dont le goût est accentué.

Fondue des Bois-Francs aux arômes de Montérégie et des îles

Ingrédients

625 g	fromage Cantonnier de Warwick	1 1/4 lb
375 g	fromage vacherin de Warwick	3/4 lb
750 ml	Cidre Du Minot ou vin blanc	3 tasses
2	gousses d'ail, hachées fin	2
5 ml	fécule de maïs	1 c. à thé
65 ml	rhum brun martiniquais	1/4 tasse
	Poivre du moulin, au goût	
5 ml	basilic, haché fin	1 c. à thé
15 ml	ciboulette, hachée fin	1 c. à soupe

Méthode

Retirer les croûtes des fromages; les découper en dés minuscules; réserver. Verser 1 tasse (250ml) de cidre dans un caquelon et, sur feu moyen, y faire fondre les fromages en petites quantités à la fois. Rajouter du cidre, du fromage et laisser fondre à nouveau; ajouter l'ail haché.

Délayer la fécule dans le rhum et ajouter ce mélange à la fondue en tournant la préparation à l'aide d'une cuillère en bois. Poivrer généreusement et incorporer le basilic et la ciboulette à la toute fin. Déposer le caquelon sur l'appareil à fondue. Accompagner de cubes de pain aux noix ou de baguette.

Faites griller vos cubes de pain, ils auront meilleure consistance. Avant de les enrober de fromage, les tremper dans un peu de rhum ou de calvados.

Fondue au Vacherin Chaput du Québec aromatisé au cidre Du Minot

Ingrédients

1	Vacherin Chaput de 400 g	1
15 ml	raisins secs	1 c. à soupe
1 bouteille	cidre Crémant de Pomme Du Minot semi-mousseux	1 bouteille
65 ml	avelines, pacanes et pignons mélangés, puis grillés	1/4 tasse
1	pain aux noix	1
1	pain aux raisins, au miel et aux noisettes	1
	Poivre du moulin, au goût	

Méthode

Préchauffer le four à 150 °C (300 °F).

Déposer les raisins dans une petite casserole et les couvrir de cidre; chauffer légèrement pour faire gonfler les raisins; retirer du feu et laisser refroidir.

Découper le centre du fromage sur environ 3 cm (1 1/4 po) de diamètre; retirer l'équivalent d'une cuillerée à soupe débordante de fromage, incluant la croûte. Mélanger les noix hachées préalablement grillées et les raisins refroidis; poivrer au goût. Introduire ce mélange dans la cavité du vacherin, y verser un peu de cidre.

Envelopper la boîte contenant le vacherin dans du papier d'aluminium en repliant les côtés vers le haut pour le recouvrir. Déposer le vacherin enveloppé au four pendant 10 minutes. Ouvrir la surface de la feuille d'aluminium et remuer délicatement le fromage ainsi que sa croûte à l'aide d'une cuillère. Recouvrir le fromage et le remettre au four encore 10 minutes jusqu'à ce que l'intérieur soit complètement fondu.

Présenter le vacherin bien chaud et coulant avec des tranches de pain grillées : pain aux noix de Grenoble et pain aux raisins, au miel et aux noisettes. Accompagner d'un Crémant Du Minot semi-mousseux bien frais.

Un Vacherin Chaput imprégné des saveurs du verger et de noix grillées, et de bons pains artisanaux des boulangeries Première Moisson, voilà de quoi éblouir vos convives au petit déjeuner. Autre suggestion pour une fondue au vacherin : la préparer avec du vin blanc et une « gremolata », un petit hachis de persil, d'ail, de zestes d'orange et de citron.

Pizza au pesto de courgette, gratinée au cheddar vieux L'Ancêtre

Ingrédients

6	petites courgettes avec pelure, bien lavées	6
2	gousses d'ail	2
10	feuilles de basilic frais	10
12	amandes émondées	12
30 ml	parmesan râpé (ou le Brebiouais de Floralpe)	2 c. à soupe
30 ml	huile d'olive	2 c. à soupe
	Sel et poivre du moulin, au goût	

Pâte à pizza*

230 ml	eau tiède	un peu moins de 1 tasse
15 ml	levure sèche	1 c. à soupe
375 ml	farine	1 1/2 tasse
30 ml	huile d'olive	2 c. à soupe
1 pincée	sel	1 pincée

Garnitures

2	petites courgettes, émincées en tranches fines	2
125 g	fromage cheddar vieux l'Ancêtre	1/4 lb
18	petites olives noires	18

Méthode

Préparer la pâte à pizza : dissoudre la levure dans la moitié de l'eau tiède; réserver. Déposer la farine dans un bol; creuser un puits et y mettre l'huile, le sel et la levure dissoute; amalgamer les ingrédients en ajoutant de l'eau graduellement pour l'obtention d'une pâte souple. Travailler la pâte quelques instants, la couvrir d'un linge et laisser lever dans un endroit tiède 1 heure environ. L'abaisser sur un espace enfariné et la déposer sur une tôle à pâtisserie légèrement huilée. Préchauffer le four à 230 °C (450 °F).

Hacher les 6 courgettes au robot culinaire avec l'ail, le basilic, les amandes, le parmesan, l'huile d'olive, le sel et le poivre.

Étaler le hachis de courgettes sur la pâte à pizza. Disposer à la surface de la pizza les tranches de courgettes de la garniture; couvrir de cheddar râpé et décorer d'olives. Cuire pendant 20 à 25 minutes jusqu'à ce que la pâte soit levée et dorée.

On trouve de la pâte à pizza toute prête dans certaines boulangeries.
On trouve du parmesan râpé aux fromageries L'Ancêtre et Dion.

PÂTES

Gnocchis à la ricotta au coulis de tomates

Ingrédients

Gnocchis

45 ml	huile	3 c. à soupe
500 ml	ricotta	2 tasses
500 ml	farine	2 tasses
	Sel	

Coulis de tomates

8	tomates blanchies et pelées ou	8
1 l	tomates en conserve avec leur jus	4 tasses
2	carottes, pelées et coupées en dés	2
1	petite boîte de pâte de tomate + 3 fois le volume en eau	1
3	échalotes françaises	3
1	oignon, coupé en morceaux	1
4	gousses d'ail	4
60 ml	persil, haché fin	4 c. à soupe
15 ml	origan	1 c. à soupe
2	petits piments séchés (facultatif)	2
	Sel et poivre du moulin, au goût	
1	feuille de laurier	1
60 ml	huile d'olive extra vierge	4 c. à soupe

Méthode

Gnocchis : mélanger la ricotta et la farine au robot culinaire; saler. Façonner un rouleau de pâte de 1,25 cm (1/2 po) de diamètre et le sectionner en rondelles d'environ 1,25 cm (1/2 po). Façonner les gnocchis; déposer une rondelle sur les dents d'une fourchette, les strier avec les dents pour leur donner un joli motif en exerçant une légère pression, puis rouler chaque gnocchi sur lui-même pour lui donner sa forme. Plonger les pâtes façonnées en petites quantités dans l'eau bouillante salée additionnée d'huile. Les gnocchis sont cuits lorsqu'ils remontent à la surface.

Coulis : passer tous les ingrédients du coulis, sauf la feuille de laurier, dans le robot culinaire ou le mélangeur; broyer le tout jusqu'à consistance homogène. Verser le coulis dans une casserole, ajouter le laurier et l'huile, laisser mijoter à feu moyen environ 20 minutes, jusqu'à belle consistance, en remuant de temps à autre. Rectifier l'assaisonnement en fin de cuisson.

Réchauffer les gnocchis déjà cuits à l'eau bouillante ou au four à micro-ondes, les disposer dans les assiettes et les napper de coulis de tomates. Le coulis restant se conserve au congélateur.

On peut remplacer la ricotta par du féta, mais attention au sel!

PÂTES

Gratin de macaronis au Sir Laurier d'Arthabaska

Ingrédients

625 g	macaronis longs	1 1/4 lb
3 l	eau bouillante légèrement salée	12 tasses
1 1/2 l	lait	6 tasses
	Sel et poivre du moulin, au goût	
1 pincée	muscade râpée	1 pincée
45 ml	beurre mou, détaillé en petites noisettes	3 c. à soupe
125 g	Sir Laurier, croûte retirée, coupé en tranches	1/4 lb
60 g	Cantonnier de Warwick râpé	1/8 lb
125 ml	chapelure	1/2 tasse

Méthode

Préchauffer le four à 220 °C (425 °F).

Cuire les macaronis aux trois quarts de leur cuisson dans l'eau bouillante; égoutter, rafraîchir les pâtes et les déposer dans un grand plat à gratin; recouvrir et conserver à four chaud.

Porter le lait au point d'ébullition; baisser le feu (le lait ne doit pas bouillir). Saler et poivrer, ajouter la muscade râpée et laisser infuser 5 minutes.

Incorporer aux pâtes de petites noisettes de beurre en même temps que les deux fromages. Agir délicatement pour ne pas briser les macaronis et éviter la formation de grumeaux de fromage. Arroser graduellement de lait chaud; réserver une petite quantité pour arroser les pâtes en cours de cuisson, si nécessaire.

Faire gonfler la préparation au four une quinzaine de minutes. Ajouter encore un peu de liquide, si nécessaire, et saupoudrer de chapelure. Remettre le gratin au four près du gril et laisser gratiner quelques minutes.

Servir le gratin de macaronis très chaud.

D'autres pâtes de votre choix peuvent être utilisées pour ce gratin. Vous pouvez ajouter du parmesan à la préparation afin de lui donner du piquant ou remplacer les fromages proposés par un ou plusieurs autres affinés et au goût corsé à pâte molle, semi-ferme ou ferme.

LES FROMAGES DU QUÉBEC

PÂTES

Linguine au bleu La Moutonnière et aux olives

Ingrédients

2 poignées	linguine	2 poignées
3 l	eau bouillante légèrement salée	12 tasses
125 g	bleu La Moutonnière	1/4 lb
5 ml	beurre	1 c. à thé
65 ml	crème 35 % ou de fromage frais de type Damablanc	1/4 tasse
	Poivre du moulin	
125 ml	olives vertes	1/2 tasse
	Ciboulette hachée	

Méthode

Cuire les pâtes. Faire fondre à feu doux le bleu, le beurre et la crème dans une poêle antiadhésive; ajouter les olives et réserver.

Égoutter les pâtes, les rincer sous l'eau froide et les égoutter à nouveau; déposer dans la poêle contenant les ingrédients fondus; saupoudrer de poivre et de ciboulette. Réchauffer les pâtes et servir aussitôt.

On peut utiliser des pâtes biologiques (udon). Parmi les pâtes biologiques fabriquées par l'entreprise québécoise Sobaya se trouve la udon, dont la forme rappelle celle des linguine. On se les procure dans les boutiques d'alimentation naturelle. Tous les fromages à pâte persillée donneront du piquant à la recette et pourront agréablement être remplacés par du parmesan ou du Peau-Rouge, un fromage élaboré par Les Dépendances du Manoir.

LES FROMAGES DU QUÉBEC

Pour 4 à 6 personnes
Préparation : 5 min
Cuisson : 10 à 15 min

PÂTES

Pâtes tièdes aux herbes fraîches et au féta

Ingrédients

1	boîte 450 g (1 lb) spaghettini	1
3 l	eau bouillante légèrement salée	12 tasses
1	citron : le jus	1
65 ml	huile d'olive	1/4 tasse
15 ml	de chacune de ces herbes fraîches : cerfeuil, origan, basilic, ciboulette, thym et persil	1 c. à soupe
4	gousses d'ail, hachées fin	4
	Sel et poivre du moulin, au goût	
65 ml	fromage féta, émietté	1/4 tasse

Méthode

Cuire les pâtes légèrement croquantes (*al dente*) dans l'eau bouillante; rincer sous l'eau froide et égoutter. S'il y a lieu, retirer les tiges des herbes pour ne garder que les feuilles, puis les hacher.

Chauffer un peu d'huile dans une poêle et y faire revenir l'ail à feu doux; ajouter les herbes, le jus de citron ainsi que le reste de l'huile; saler et poivrer. Retirer du feu.

Déposer les pâtes tiédies dans un saladier, verser dessus le mélange aux herbes et le féta émietté. Bien mélanger et servir tiède ou froid.

On pourra remplacer le féta par du parmesan ou un crottin, affiné ou non, émietté.

Crevettes aux poivrons et au brie double crème

Ingrédients

65 ml	huile d'olive	1/4 tasse
30 ml	beurre	2 c. à soupe
1	gros oignon, émincé en lanières	1
1	poivron vert, émincé en lanières	1
1	poivron rouge, émincé en lanières	1
3	gousses d'ail, hachées fin	3
	Sel et poivre du moulin, au goût	
48	crevettes crues de taille moyenne, décortiquées et déveinées	48
65 ml	persil haché fin (ou de coriandre)	1/4 tasse
1 brindille	thym frais	1 brindille
375 g	brie double crème Cayer, croûte retirée	3/4 lb

Méthode

Préchauffer le four à 180 °C (350 °F). Faire attendrir à la poêle l'oignon, les poivrons et l'ail; ajouter de l'huile au besoin. Ajouter les crevettes, le persil et le thym; cuire vivement jusqu'à coloration des crevettes; rectifier l'assaisonnement. Retirer la poêle du feu.

Couper le brie en petits morceaux et les disposer à la surface des crevettes dans la poêle; déposer celle-ci au four jusqu'à ce que le fromage soit d'un fondant crémeux. Servir aussitôt. Accompagner d'un riz ou de pâtes aux tomates.

La Société coopérative de L'Île-aux-Grues fabrique un magnifique brie triple crème qui a pour nom Le Riopelle de l'Isle et qui se prête à merveille à cette recette. Un brie régulier, moins gras, est aussi approprié.

Filet de doré en croûte de noix et de fromage

Ingrédients

2	tranches de pain frais, hachées au robot	2
30 ml	noix ou de pacanes, hachées fin	2 c. à soupe
15 ml	amandes effilées fin	1 c. à soupe
30 ml	persil, haché fin	2 c. à soupe
30 ml	ciboulette hachée	2 c. à soupe
1/4	poivron rouge, coupé en dés très fins	1/4
30 ml	poudre de cari	2 c. à soupe
250 ml	fromage à pâte ferme râpé	1 tasse
	Sel et poivre du moulin, au goût	
4	filets de doré	4
65 ml	farine	1/4 tasse
2	œufs battus	2
30 ml	beurre	2 c. à soupe
30 ml	huile	2 c. à soupe
2	citrons, coupés en deux	2

Méthode

Préparer une panure avec le pain haché, les noix et les amandes, le persil, la ciboulette, le poivron rouge, la poudre de cari ainsi que le fromage; rectifier l'assaisonnement.

Passer les filet de doré dans la farine, les œufs battus puis la panure. Cuire dans un poêlon au beurre et à l'huile environ 2 minutes de chaque côté. Servir accompagné d'un demi-citron et de nouilles sautées au beurre.

Utilisez un fromage assez sec, à pâte ferme et goûteux comme Au Gré des Champs ou le Noyan (Kaiser), voire à la rigueur un cheddar vieux bien affiné. Il liera bien la panure et lui donnera tout le croquant voulu.

Pour 4 personnes
Préparation : 30 min
Cuisson : court-bouillon 20 min /
poisson 10 à 15 min / sauce 20 min

POISSONS ET FRUITS DE MER

Lotte en sauce aurore aux billes aromatiques de fromage

Ingrédients

1 kg	lotte (ou baudroie), peau retirée, filet coupé en morceaux	2 lb

Court-bouillon :

500 ml	eau de source légèrement citronnée ou vin blanc	2 tasses
250 ml	mirepoix : carotte, céleri, oignon et blanc de poireau	1 tasse
1	feuille de laurier	1
3 ml	graines de fenouil	1/2 c. à thé
3 ml	thym	1/2 c. à thé
15 ml	persil haché	1 c. à soupe
8	grains de poivre	8
	Sel, au goût	

Sauce aurore :

15 ml	huile d'olive	1 c. à soupe
15 ml	farine	1 c. à soupe
30 ml	pâte concentrée de tomate	2 c. à soupe
	Sel et poivre du moulin, au goût	
1 ou 2 billes	fromage de chèvre frais (voir recette p. 30)	1 ou 2 billes

Méthode

Court-bouillon : déposer tous les ingrédients du court-bouillon dans une casserole; laisser mijoter 20 minutes. Passer le bouillon au tamis fin et réserver celui-ci dans la casserole.

Déposer les morceaux de lotte dans le court-bouillon; amener à ébullition, diminuer le feu et mijoter doucement 10 minutes environ selon la grosseur des morceaux de poisson. Retirer le poisson et le partager en parts égales dans 4 bols (pour soupe à l'oignon, par exemple). Conserver à couvert au chaud, sans cuire.

Sauce aurore : faire chauffer l'huile dans une petite casserole; ajouter la farine en remuant constamment avec un fouet et en mouillant graduellement avec 375 ml (1 1/2 tasse) de court-bouillon; incorporer la pâte de tomate. Cuire à feu doux 10 minutes en remuant.

Déposer les billes de fromage à la surface des morceaux de poisson de chacun des bols, puis napper le tout de sauce aurore bien chaude. Servir aussitôt.

La Fromagerie la Chèvre du Mont-Bleu fabrique des Boutons de saphir. Ces délicieuses billes de fromage de chèvre marinées peuvent remplacer celles suggérées pour la recette. De même, les chèvres frais assaisonnés ou enrobés aux herbes de Provence, à la ciboulette ou à l'ail et au persil se marieront bien à la sauce aurore.

Poulet waterzoï au fromage de chèvre et à l'estragon

Ingrédients

1 l	bouillon de poulet	4 tasses
1	poulet de 1,5 kg (3 lb), coupé en morceaux	1
45 ml	beurre	3 c. à soupe
15 ml	huile d'arachide	1 c. à soupe
250 ml	fromage de chèvre	1 tasse
2	jaunes d'œufs	2
65 ml	estragon frais, prélevé de sa tige	1/4 tasse

Méthode

Faites dorer dans une marmite les morceaux de poulet de chaque côté au beurre et à l'huile; ajouter assez de bouillon pour couvrir; cuire à couvert et à feu doux 30 minutes.

Au moment de servir, retirer les morceaux de poulet et les réserver au chaud. Battre ensemble le fromage et les jaunes d'œufs; incorporer au bouillon de cuisson et cuire doucement, toujours en remuant, jusqu'à épaississement; éviter l'ébullition. Ajouter l'estragon et retirer du feu. Accompagner de riz cuit dans du bouillon. Présenter la sauce à part.

Le chèvre donne une note originale ainsi que du caractère à la sauce. Si vous utilisez une poule au lieu du poulet, il faut alors compter 3 h 30 de cuisson à l'eau avec tous les ingrédients (carottes, céleri, poireaux, ail, thym et laurier) jusqu'à ce qu'elle soit tendre. Désossez-la puis passez le bouillon dans un tamis. Prélevez-en une partie pour cuire le riz et une autre pour préparer la sauce.

VOLAILLE

Escalope de dinde au Miranda et à la Pomme de Glace

Ingrédients

8	minces escalopes de dinde ou de poulet, de veau ou de porc	8
	Farine	
45 ml	beurre	3 c. à soupe
15 ml	huile	1 c. à soupe
10	champignons, coupés en lamelles	10
8	tranches de fromage Miranda	8
45 ml	vin blanc	3 c. à soupe
30 ml	cidre Pomme de Glace (Clos Saint-Denis) ou vin blanc ou jus de pomme	2 c. à soupe
45 ml	crème 35 %	3 c. à soupe
	Sel et poivre du moulin, au goût	

Méthode

Préchauffer le four à 150 °C (300 °F). Enfariner les escalopes; les passer de chaque côté à la poêle dans le beurre et l'huile; les retirer et les déposer dans un plat. Couvrir chaque escalope d'une tranche de fromage Miranda et déposer le plat au four pour terminer la cuisson et fondre le fromage.

Ajouter et dorer les champignons à la poêle, déglacer au vin blanc, ajouter le cidre, puis la crème; amener à ébullition et retirer du feu.

Disposer les escalopes dans une assiette et napper de la sauce préparée à la poêle.

Au domaine Clos Saint-Denis, à Saint-Denis-sur-Richelieu, en Montérégie, les propriétaires Ghislaine Meunier et Guy Tardif produisent la fameuse Pomme de Glace, un liquoreux élixir — divin avec le foie gras — qui épaule de saveurs de multiples plats.

Hambourgeois grillés à la mozzarella et au bleu Bénédictin

Ingrédients

1 kg	bœuf haché maigre	2 lb
30 ml	bleu Bénédictin (ou un autre bleu), soit 5 ml (1 c. à thé) par boulette de viande	2 c. à soupe
30 g	mozzarella râpée, de fromage à la crème ou de beurre mou	2 c. à soupe
15 ml	ciboulette, hachée fin	1 c. à soupe
30 ml	huile	2 c. à soupe
60 ml	épices à steak	4 c. à soupe
	Sel d'ail et poivre du moulin, au goût	

Méthode

Façonner 6 boulettes de bœuf haché. Écraser ensemble les fromages et y incorporer la ciboulette hachée. Pratiquer une cavité au centre de chaque boulette et y insérer un sixième du mélange; refermer l'orifice en y rabattant une couche de viande.

Passer une à une, et des deux côtés, les boulettes dans l'huile; saupoudrer chaque surface d'épices à steak, de sel d'ail et de poivre. Griller les steaks hambourgeois farcis au bleu sur le gril. Déposer les boulettes cuites dans des petits pains en y ajoutant les garnitures et condiments de votre choix.

Avis : les services de santé du pays recommandent de toujours bien cuire la viande hachée. Le bleu l'Ermite (abbaye Saint-Benoît-du-Lac), plus doux, convient également à cette préparation.

V E A U

Côtes de veau farcies au chèvre Belle-Marie et à la tapenade

Ingrédients

4	côtes de veau bien épaisses	4
250 g	fromage au lait cru Belle-Marie	1/2 lb
	Tapenade d'olives noires	
60 ml	ciboulette, hachée fin	4 c. à soupe
65 ml	huile	1/4 tasse
1	oignon, coupé en tranches minces	1
	Épices à steak, au goût	

Méthode

Préchauffer le four à 160 °C (325 °F). Trancher chaque côte de veau sur l'épaisseur (du rebord jusqu'à l'os). Prélever 8 minces tranches de fromage. Déposer d'abord une tranche de fromage à l'intérieur de chaque côte, la tartiner de tapenade, la saupoudrer de ciboulette, puis la couvrir d'une autre tranche de fromage; refermer la côte de veau.

Saupoudrer les côtes de veau d'épices à steak et les dorer dans un peu d'huile à la poêle de chaque côté; couvrir de tranches d'oignon et terminer la cuisson au four 10 minutes environ. La chair doit être légèrement rosée et le fromage, bien fondant. Accompagner la côte de veau de pâtes ou d'une mousseline de pommes de terre et des haricots verts ou jaunes.

Tout fromage à pâte ferme ou semi-ferme, de chèvre ou de vache, peut être utilisé.
La tapenade est un condiment aromatique provençal à base d'olives noires, d'ail, d'anchois, de thon, de câpres,
de thym, d'huile d'olive extra vierge et de poivre. Le tout est réduit en pâte homogène au pilon ou
au robot culinaire. On en trouve toute préparée dans le commerce.

DESSERTS

Clémentines pochées au sirop de grenadine sur coussinet de fromage blanc

Ingrédients

12	clémentines	12
250 ml	sirop de grenadine	1 tasse
250 ml	fromage blanc ou de mascarpone	1/2 tasse
	Menthe fraîche	

Méthode

Peler les clémentines; réserver. Verser le sirop de grenadine dans une petite casserole et porter au point d'ébullition. Y ajouter aussitôt les clémentines; laisser frémir quelques secondes. Retirer la casserole du feu et laisser refroidir les clémentines et le sirop à la température de la pièce pendant 1 heure.

Répartir le fromage au fond de 6 belles coupes puis déposer sur chacune 2 clémentines pochées. Répartir le sirop restant dans chaque coupe et décorer de feuilles de menthe.

Le regretté Jean Vettard, autrefois chef-restaurateur sur la place Bellecour, à Lyon, a popularisé cette recette à laquelle s'ajoute ici une saveur de chez nous. À défaut de clémentines, on peut utiliser des quartiers de mandarine ou encore faire pocher des tranches moyennes d'orange Navel dans le sirop de grenadine. Tout fromage frais, de chèvre ou de vache, peut remplacer le fromage blanc (labneh, quark, cottage, ricotta, etc).

DESSERTS

Crêpes de Baron roulé aux amandes et à l'ananas, flambées à l'amaretto

Ingrédients

250 g	Baron roulé aux amandes grillées et à l'ananas	1/2 lb
125 ml	amaretto	1/2 tasse

Pâte à crêpes :

500 ml	farine	2 tasses
30 ml	sucre	2 c. à soupe
1 pincée	sel	1 pincée
30 ml	beurre fondu	2 c. à soupe
500 ml	lait	2 tasses
2	œufs, battus en omelette	2
15 ml	zeste de citron	1 c. à soupe

Méthode

Dans un grand bol, faire un puits avec la farine; ajouter au centre le sucre, le sel, le beurre fondu et la moitié du lait. Délayer progressivement, puis battre pour obtenir une pâte lisse; incorporer les œufs battus, le reste du lait et le zeste de citron. Laisser reposer 30 minutes.

Faire chauffer une poêle légèrement huilée sur feu doux; y verser suffisamment de pâte pour obtenir une grande crêpe mince en inclinant rapidement la poêle dans tous les sens pour bien étaler la pâte; retourner la crêpe quand elle se détache de la poêle et terminer sa cuisson jusqu'à ce qu'elle soit dorée. Recommencer et réserver les crêpes au chaud.

Répartir le fromage sur chaque crêpe, puis l'enrouler; déposer les crêpes roulées dans un plat de service et placer au four à 200 °C (400 °F) 5 minutes.

Chauffer l'amaretto; enflammer la liqueur puis en arroser les crêpes farcies au fromage. Servir aussitôt.

Pour varier, présentez des crêpes de sarrasin (notre photo). Il suffit de remplacer la farine blanche par celle de sarrasin. Confectionnez vos crêpes comme indiqué plus haut.

Pour 6 personnes
Préparation : 25 min
Temps de repos de la pâte : 30 min
Cuisson : environ 1 h

DESSERTS

Fromagé à la fleur d'oranger et à l'angélique confite

Ingrédients

1	abaisse de pâte brisée ou feuilletée	1
250 ml	fromage de chèvre frais (non affiné)	1 tasse
125 ml	sucre	1/2 tasse
5	œufs, jaunes et blancs séparés	5
45 ml	crème 35 %	3 c. à soupe
15 ml	eau de fleur d'oranger	1 c. à soupe
	Angélique confite (ou fruits confits au choix) coupée en lanières, au goût	

Méthode

Préchauffer le four à 200 °C (400 °F).

Abaisser la pâte à l'aide d'un rouleau à pâtisserie et chemiser un moule à fond amovible de 20 cm (8 po) de diamètre.

Battre le fromage avec le sucre; ajouter les jaunes d'œufs, un à la fois, la crème et l'eau de fleur d'oranger. Monter les blanc d'œufs en neige assez ferme avec un peu de sel et les incorporer par petites quantités à la fois à la préparation au fromage : déposer une quantité de blanc d'œuf au centre du bol, enfoncer une spatule au centre de la pâte en emportant une quantité de blanc d'œuf, remonter vers les bords et rabattre délicatement la pâte sur elle-même.

Verser dans le moule et cuire au four préchauffé à 200 °C (400 °F) 10 minutes, réduire la température à 180 °C (350 °F) et cuire encore 45 minutes environ. Laisser tiédir avant de démouler; décorer la surface de lanières d'angélique confite.

Un classique de la cuisine poitevine, connu sous l'appellation de « tourteau fromagé ». Certains omettent l'angélique confite ou l'ajoutent pour la fête de l'Épiphanie; d'autres utilisent une eau-de-vie en remplacement de l'eau de fleur d'oranger. On peut remplacer le fromage de chèvre par un fromage à pâte fraîche (quark, cottage, riccota, labneh, etc.).

DESSERTS

Gâteau au fromage chocolaté à l'orange

Ingrédients

Pâte aux biscuits :

500 ml	biscuits (type Graham), émiettés	2 tasses
60 ml	beurre	4 c. à soupe
60 ml	chocolat noir mi-sucré, fondu	4 c. à soupe

Préparation au fromage :

30 ml	gélatine neutre	2 c. à soupe ou 2 sachets
1	orange, zeste (coupé en fines lanières) et jus	1
1/2	citron, zeste (coupé en fines lanières) et jus	1/2
3	œufs : blancs et jaunes séparés	3
125 ml	sucre	1/2 tasse
375 g	fromage frais type cottage, blanc ou quark	3/4 lb
165 ml	crème 35 %	2/3 tasse

Garniture de surface :

60 ml	chocolat noir mi-sucré fondu	4 c. à soupe

Méthode

Déposer les biscuits émiettés dans un bol. Incorporer le beurre et le chocolat fondus. Tapisser de cette préparation le fond amovible d'un moule à gâteau; réfrigérer.

Faire gonfler la gélatine dans un peu d'eau froide. Cuire les zestes d'orange et de citron dans l'eau bouillante jusqu'à ce qu'ils soient tendres; égoutter. Bien battre les jaunes d'œufs et le sucre dans une casserole ; ajouter le jus d'orange et de citron et cuire au bain-marie ou sur feu doux en tournant avec une cuillère de bois jusqu'à épaississement; retirer du feu aussitôt. Incorporer la gélatine gonflée ainsi que les zestes d'orange et de citron; laisser tiédir.

Passer le fromage au mélangeur, puis l'incorporer aux ingrédients. Fouetter la crème à consistance moyenne ; battre, les blancs d'œufs en neige ferme; les incorporer délicatement à la préparation au fromage. Verser sur les biscuits du moule; réfrigérer 2 heures environ.

Démouler le gâteau sur une assiette de service. Façonner, selon l'inspiration, des petits motifs décoratifs avec le chocolat ou en napper le gâteau.

Très populaire, le gâteau au fromage nous est proposé dans de nombreux restaurants et pâtisseries. Qu'il soit marbré au chocolat ou garni de mousse ou de gélatine aux fruits, chacun exprime l'ingéniosité de son créateur. Parions qu'avec cette recette, c'est le vôtre qui remportera la palme du meilleur gâteau au fromage!

D E S S E R T S

Glace au chèvre parfumée au miel de fleurs sauvages

Ingrédients

6	jaunes d'œufs	6
60 ml	miel de fleurs sauvages	1/4 tasse
180 ml	lait	3/4 tasse
500 ml	fromage de chèvre frais non assaisonné	2 tasses

Garnitures :

pignons grillés, fruits confits et feuilles de menthe fraîches

Méthode

Battre les jaunes d'œufs et le miel jusqu'à ce que le mélange blanchisse. Ajouter le lait et cuire au bain-marie en raclant le fond de la casserole. Continuer de remuer jusqu'à ce que la sauce épaississe; éviter l'ébullition. Retirer du feu aussitôt.

Défaire le fromage dans un bol et y incorporer la crème refroidie; bien battre. Mettre à glacer dans une sorbetière. À défaut de sorbetière, transférer la crème dans un saladier (si ce n'est déjà fait) et placer au congélateur 20 à 30 minutes. Sortir la préparation du congélateur, la fouetter, puis la remettre au congélateur pour une autre demi-heure. Répéter l'opération à quelques reprises, jusqu'à ce que la glace soit trop ferme. Verser alors la glace dans un contenant et la laisser prendre complètement.

Au moment de servir, faire griller les pignons. Répartir la glace dans de belles coupes, parsemer de pignons grillés et de copeaux de fruits confits, puis décorer d'une feuille de menthe.

Choisissez un fromage frais non assaisonné ni trop salé. On en trouve chez presque tous les producteurs de fromages de chèvre qui conviennent fort bien à cette glace aussi inusitée qu'originale.

DESSERTS

Pain aux bananes et au fromage cottage

Ingrédients

60 ml	beurre	1/4 tasse
125 ml	sucre	1/2 tasse
2	bananes mûres, réduites en purée	2
2	œufs	2
500 ml	farine	2 tasses
15 ml	levure chimique (poudre à pâte)	1 c. à soupe
1 pincée	sel	1 pincée
180 ml	fromage quark, blanc ou cottage	3/4 tasse

Méthode

Préchauffer le four à 180 °C (350 °F).

Battre le beurre en crème, ajouter le sucre puis la purée de banane; bien mélanger. Incorporer les œufs séparément en battant bien après chaque addition. Mélanger les ingrédients secs, les incorporer ensuite progressivement en alternant avec le fromage.

Verser dans un moule à pain préalablement beurré et enfariné; cuire au four 30 minutes environ ou jusqu'à ce qu'une lame enfoncée au centre de la pâte en ressorte sèche.

Voici une délicieuse façon de récupérer des bananes trop mûres. Le temps vous manque pour préparer tout de suite le pain aux bananes? Conservez-les au congélateur et décongelez-les 1 heure avant d'entreprendre la recette.

DESSERTS

Petits sablés chocolatés aux fraises, à la Chantilly et au fromage blanc

Ingrédients

250 ml	farine	1 tasse
250 ml	poudre de cacao	1 tasse
45 ml	sucre	3 c. à soupe
1 pincée	sel	1 pincée
25 ml	levure chimique (poudre à pâte)	1 1/2 c. à soupe
100 g	beurre	4 c. à soupe
2	œufs battus	2
85 ml	fromage blanc	1/3 tasse

Garnitures :

250 ml	crème à fouetter	1 tasse
45 ml	miel	3 c. à soupe
250 ml	fromage blanc	1 tasse
	Fraises ou autres petits fruits	

Méthode

Préchauffer le four à 200 °C (400 °F). Mélanger farine, cacao, sucre, sel et levure. Incorporer le beurre en petits morceaux puis l'amalgamer aux ingrédients en les frottant entre les mains. Ajouter les œufs battus puis le fromage frais; pétrir légèrement la pâte qui doit être souple et à peine collante.

Abaisser la pâte à une épaisseur d'environ 2,5 cm (1 po) et la découper à l'aide d'un emporte-pièce. Disposer les rondelles sur une plaque et cuire au four 20 minutes environ. Laisser refroidir à la température de la pièce.

Fouetter la crème; mélanger le miel et le fromage blanc et y incorporer la crème fouettée par petites quantités à la fois.

Couper les gâteaux en deux sur l'épaisseur. En napper une moitié de crème fouettée; garnir de fraises (ou d'autres fruits), napper à nouveau de crème et ajouter des fruits. Recouvrir de l'autre moitié du gâteau. Servir immédiatement.

Employez un fromage frais de type Damablanc, quark ou encore un fromage cottage lisse.

INDEX

INDEX

LES FROMAGES DU QUÉBEC

INDEX